AF302156

Impressum:
Bibliografische Information der Deutschen Nationalbibliothek. Die Deutsche Nationalbibliothek verzeichnet diese Publikation in der Deutschen Nationalbibliografie; detaillierte bibliografische Daten sind im Internet über http://dnb.d-nb.de abrufbar.

Veröffentlicht über Tredition
Januar 2024
1. Auflage
Alle Rechte vorbehalten
Copyright © 2024 Carsten Burkhardt
Texte: © Copyright by Carsten Burkhardt & Hannah Burkhardt
Lektorat: V.Valmont
Druck: Tredition
Coverdesign: Valmont Coverdesign
Layout: V.Valmont

Carsten Burkhardt
Mittelheide 23
49124 Georgsmarienhütte
Deutschland

Hallo, liebe Leserinnen und Leser!

Ich bin Prinzessin Hannah, und ich freue mich sehr, euch in meiner bezaubernden Welt der Geschichten begrüßen zu dürfen. In diesem Buch teile ich mit euch meine ganz persönliche Sammlung von Lieblingsgeschichten, die von faszinierenden Wesen bevölkert sind.

Taucht ein in fantastische Welten, in denen Zauberer mit ihren magischen Stäben beeindruckende Zaubersprüche wirken, Trolle nicht nur für ihre imposante Statur bekannt sind, sondern auch für ihre Fähigkeit, tiefe und bedeutsame Freundschaften zu schließen, und Feen mit ihrem funkelnden Zauberstaub das Leben verzaubern. Doch das ist noch lange nicht alles – hier erwarten euch viele weitere wunderbare Wesen und Abenteuer, die nur darauf warten, von euch entdeckt zu werden. Ich hoffe, dass euch diese Geschichten genauso viel Freude bereiten wie mir. Lasst eure Fantasie fliegen und begleitet mich auf einer Reise durch eine Welt voller Magie, tiefer Freundschaften und spannender Abenteuer. Viel Spaß beim Lesen!

Herzlichst,
Prinzessin Hannah

Der kleine Zauberer Felix

Es war einmal ein kleiner Zauberer namens Felix. Er war noch sehr jung und lernte gerade, wie man zaubert. Felix hatte einen blauen Zauberhut und einen langen Umhang, der mit goldenen Sternen verziert war. Jeden Tag übte er fleißig und träumte davon, ein großer Zauberer zu werden.

Eines Tages, als Felix durch den magischen Wald spazierte, hörte er ein leises Weinen. Er folgte dem Geräusch und entdeckte eine kleine Eule auf einem Ast.

„Was ist los, kleine Eule?", fragte Felix besorgt.

Die Eule sah ihn mit ihren großen Augen an und sagte schluchzend: „Ich habe mich verflogen und weiß nicht mehr, wie ich nach Hause kommen soll."

Felix lächelte und sagte: „Keine Sorge, kleine Eule. Ich werde dir helfen."

Felix zog seinen Zauberstab aus der Tasche und begann, kleine Funken zu zaubern. Er murmelte ein paar Zauberworte, und plötzlich erschien eine leuchtende Landkarte über ihnen. „Schau mal, kleine Eule", sagte Felix aufgeregt. „Hier ist dein Nest." Er zeigte auf die Karte und erklärte ihr den Weg.

Gemeinsam machten sie sich auf den Weg. Felix zauberte eine kleine Laterne, damit sie den Weg auch im Dunkeln finden konnten. Sie kletterten über Baumstämme, huschten durch dichte Büsche und überquerten einen klaren Bach.

Endlich erreichten sie das Nest der Eule. Die Euleneltern waren so erleichtert, ihre verlorene Eule wieder bei sich zu haben, dass sie Felix mit einem besonderen Eulen-Tanz dankten. Felix fühlte sich so glücklich und stolz, dass er helfen konnte.

Nach diesem Abenteuer kehrte Felix in sein kleines Zaubererhäuschen zurück und setzte seine Übungen fort. Doch er merkte bald, dass nicht jeder Zauber so reibungslos funktionierte wie in den Zauberschulbüchern. Manchmal sprangen die Funken seines Zauberstabs wild umher, und anstatt einer bunten Blume erschien eine quietschende Ente.

Eines Tages beschloss Felix, seine Fähigkeiten bei einem Dorffest zu präsentieren. Die Bewohner waren gespannt

und versammelten sich auf dem Dorf-
platz.

Felix stand auf einer improvisierten
Bühne, sein blauer Zauberhut fest auf
dem Kopf. Er schwang seinen Zauberstab und wollte eine schwebende Glitzer-
kugel herbeizaubern. Doch statt der Kugel erschien ein Schwarm bunter Luftbal-
lons, die fröhlich durch die Luft wirbelten.

Das Publikum lachte und applaudierte trotzdem, und Felix konnte nicht anders, als mitzulachen. Er beschloss, die Dinge mit Humor zu nehmen und zauberte eine Regenbogenbrücke, die sich über den Platz spannte. Die Kinder jubelten, als sie hindurchliefen und die Farben wie Konfetti um sie herumwirbelten.

Felix merkte, dass es nicht immer perfekt sein muss, um Freude zu bringen. Manchmal sind die unerwarteten, lustigen Dinge viel besser als das, was man geplant hat. Von diesem Moment an zauberte er mit einem breiten Lächeln und einem Augenzwinkern, und die Dorfbewohner liebten ihn dafür.

Eines Tages fand Felix eine geheimnisvolle Einladung zu einem Zauberwettbewerb, der in der fernen Stadt Eldoria stattfinden sollte. Der Gewinner des Wettbewerbs sollte den begehrten Titel „Meisterjungzauberer" erhalten. Felix war aufgeregt und entschloss sich, an dem Wettbewerb teilzunehmen, um sein Können unter Beweis zu stellen.

Mit seinem blauen Zauberhut fest auf dem Kopf und seinem Zauberstab in der Hand machte sich Felix auf den Weg nach Eldoria.

Die Reise war voller Abenteuer – von schmalen Pfaden durch dichte Wälder bis zu einem magischen See, über den er auf einem fliegenden Teppich schwebte. Als Felix endlich in Eldoria ankam, war die Stadt voller Zauberei. Farbenfrohe Lichtblitze und schwebende Glitzerpartikel schmückten die Straßen. Die anderen Zauberer waren bereits versammelt, und die Spannung lag in der Luft.

Die ersten Runden des Wettbewerbs verliefen gut für Felix. Er zauberte tanzende Feuerfunken und ließ Blumen in der Luft schweben. Doch dann kam die Herausforderung, einen komplexen Zeitzauber zu wirken, um eine Sanduhr rückwärts laufen zu lassen.

Felix konzentrierte sich, sprach die Zauberworte, aber anstelle einer rückwärts laufenden Sanduhr erschien eine riesige Seifenblase, die bunt schillernd durch die Luft schwebte. Das Publikum hielt den Atem an, und es herrschte Stille, bevor die gesamte Menge in lautes Gelächter ausbrach.

Peinlich berührt, setzte Felix sein breitestes Lächeln auf und sagte: „Nun, wer sagt, dass Zeitzauber nicht auch eine fröhliche Note haben können?"

Überraschenderweise stimmte das Publikum begeistert zu, und Felix gewann den Sympathiepreis für den kreativsten Zauber.

Obwohl Felix nicht den Titel „Meisterjungzauberer" gewann, erkannte er, dass Magie nicht nur perfekt sein muss, um die Herzen der Menschen zu berühren. Seine fröhliche Art und die Fähigkeit, aus Missgeschicken etwas Positives zu machen, machten ihn zu einem beliebten Zauberer in Eldoria.

Die Bewohner der Stadt luden Felix ein, bei ihren Festen und Feierlichkeiten aufzutreten, und so verbrachte er viele glückliche Tage damit, die Stadt mit seiner einzigartigen Magie zu bereichern. Und so setzte der kleine Zauberer Felix seine Reise fort, immer auf der Suche nach neuen Abenteuern und Gelegenheiten, die Welt mit Freude zu verzaubern. Nach seinem erfolgreichen Auftritt in Eldoria erhielt Felix eine Einladung, an einer renommierten Zauberschule teilzunehmen, die in einem majestätischen Schloss hoch oben auf einem Berg thronte. Die Schule, bekannt als „Schloss der Verzauberung", war berühmt für ihre anspruchsvollen Lehrer und talentierten Schüler.

Felix war aufgeregt über die Aussicht, mehr über die Kunst der Magie zu lernen, und machte sich sofort auf den Weg zum Schloss.

Der Weg dorthin war von schwebenden Laternen und geheimnisvollen Nebel-schwaden gesäumt, die die Atmosphäre noch magischer machten.

Als er das Schloss betrat, fand Felix sich in einem beeindruckenden Saal wieder, in dem Schüler verschiedener Altersgruppen eifrig ihre Zauberstäbe schwangen. Bunte Lichtblitze zuckten durch die Luft, und magische Kreaturen huschten durch die Gänge.

Felix wurde von der Schulleiterin, einer weisen Zauberin namens Professor Elara, persönlich begrüßt. Sie führte ihn durch die imposanten Flure und erklärte die verschiedenen Unterrichtsfächer, von Verwandlungen bis zur Zauberkunst.

In den folgenden Wochen lernte Felix nicht nur, wie man Zaubertränke braute und magische Kreaturen beschwor, sondern auch, wie man seine eigene Magie weiterentwickelte. Er freundete sich mit anderen Schülern an, darunter Luna, eine begabte Verwandlungskünstlerin, und Leo, ein geschickter Illusionist.

Eines Tages erhielten die Schüler eine besondere Aufgabe: Jeder sollte eine einzigartige Zaubervorstellung für das jährliche Schulfest vorbereiten. Felix überlegte nicht lange und beschloss, seine Erfahrungen aus dem Eldoria-Wettbewerb einzubringen.

Am Tag des Schulfests verzauberte Felix das Publikum mit einem spektakulären Auftritt. Sein Zauberstab tanzte in der Luft, und leuchtende Blumenblätter schwebten sanft um die Zuschauer herum. Die Schule tobte vor Begeisterung, und Professor Elara lächelte stolz.

Felix erkannte, dass die Zauberschule nicht nur ein Ort des Lernens, sondern auch der Freundschaft und des gemeinsamen Wachstums war. Die Magie, die er hier entdeckte, ging über einfache Zaubertricks hinaus – es war die Magie der Gemeinschaft und der Freude am Teilen von Wissen und Talent.

Das Schloss der Verzauberung erstreckte sich majestätisch über den Gipfel des Berges. Es war ein imposantes Gebäude mit hohen Türmen, die in den Himmel ragten, und einem glänzenden Dach, das im Licht der Zaubersterne schimmerte. Die Fassade war mit magischen Ornamenten verziert, die bei Mondlicht sanft leuchteten. Der Eingang zum Schloss war von zwei gewaltigen, steinernen Drachen bewacht, die den Schülern und Besuchern einen ehrfürchtigen Empfang bereiteten.

Die Innenräume des Schlosses waren genauso beeindruckend wie die äußere Erscheinung. Der große Saal, in dem die Schüler ihre gemeinsamen Aktivitäten hatten, war mit fliegenden Kerzen und schwebenden Kristallleuchtern geschmückt. Die Wände waren mit Gemälden vergangener Meisterzauberer geschmückt, die in ihren bunten Gewändern und mit funkelnden Zauberstäben abgebildet waren.

Die Klassenräume waren mit den neuesten magischen Technologien ausgestattet. Es gab Räume für Zauberkunst, in denen Illusionen und Tricks gelehrt wurden, sowie Räume für Verwandlungen, in denen die Schüler die Kunst der Metamorphose erlernten. Ein Kräutergarten auf dem Schlossgelände diente als Labor für die Zaubertrankkunde, wo die Schüler unter den Anweisungen des alten und weisen Professor Alaric experimentierten.

Die Lehrer des Schlosses waren selbst Meisterzauberer mit einer Fülle von Erfahrungen. Professor Elara, die Schulleiterin, war eine Expertin in der Beherrschung von Elementarzaubern. Professorin Seraphina unterrichtete die Kunst der Weissagung und der Zukunftsblicke, während Professor Magnus sich auf die hohe Kunst der Runen- und Symbolmagie spezialisierte.

Jeder Lehrer hatte seinen eigenen einzigartigen Lehrstil und trug dazu bei, dass die Schüler ein breites Spektrum an magischen Fähigkeiten entwickelten. Die Unterrichtsstunden waren oft voller Überraschungen, von interaktiven Zaubervorstellungen bis hin zu aufregenden Exkursionen in den magischen Wald, der das Schloss umgab.

Die Schüler fanden nicht nur Wissen in den alten Büchern und Zaubersprüchen, sondern auch in der Gemeinschaft ihrer Mitstudenten.

Die Mahlzeiten wurden in einem großen Speisesaal eingenommen, der durch magische Tische und fliegende Servierwagen gekennzeichnet war. Hier teilten die Schüler ihre Erfahrungen, übten zusammen und knüpften Freundschaften.

Das Schloss der Verzauberung war mehr als eine Schule – es war ein Ort der Magie, der Freundschaft und der Entfaltung von Potenzialen. Und so setzte Felix seine Reise fort, reich an Erlebnissen und Wissen aus dieser zauberhaften Schule.

Eines Tages erhielten Felix, Luna und Leo eine mysteriöse Einladung zu einer geheimen, vergessenen Insel namens Mystira.

In der Einladung stand, dass eine uraltes magisches Artefakt, genannt „Der Schleier der Träume", gestohlen worden sei und dass ihre Hilfe benötigt werde, um es zurückzubringen.

Voller Abenteuerlust machten sich die drei Freunde auf den Weg zur Insel. Mystira war von dichten Nebelschwaden umhüllt, die die Sicht auf das Unbekannte erschwerten.

Als sie endlich den versteckten Eingang erreichten, wurden sie von einem freundlichen Geist namens Aurora begrüßt, der die Bewohnerin der Insel war.

Aurora erklärte den Freunden, dass der gestohlene Schleier der Träume die Träume der Inselbewohner gestohlen hatte. Ohne ihre Träume verblasste die Magie von Mystira, und die Insel verfiel in einen düsteren Schlafzustand.

Um den Schleier der Träume zurückzubekommen, mussten Felix, Luna und Leo eine Reihe von Prüfungen bestehen. Die erste Prüfung führte sie durch einen verwunschenen Wald, in dem sie sich gegen lebende Schatten verteidigen mussten. Luna nutzte ihre Verwandlungskünste, um die Schatten zu vertreiben, während Felix mit Lichtzaubern die Dunkelheit durchbrach.

Die zweite Prüfung führte sie zu einem Labyrinth aus Illusionen. Leo setzte seine Fähigkeiten ein, um durch die verwirrenden Pfade zu navigieren, während Felix mit einem klugen Zauber die Illusionen entlarvte.

Schließlich erreichten sie den Turm, in dem der Schleier der Träume von einem dunklen Zauberer gehütet wurde. Ein intensiver Kampf entbrannte, bei dem die Freunde ihre Fähigkeiten kombinierten, um den Zauberer zu besiegen. Mit einer geschickten Ablenkung von Luna und einem mächtigen Zauber von Felix gelang es Leo, den Schleier der Träume zurückzuholen.

Mit dem Artefakt in ihren Händen kehrten die Freunde zum Zentrum der Insel zurück. Als sie den Schleier der Träume wieder an seinen Platz legten, begann die Insel aufzuleben. Die Nebelschwaden lichteten sich, und farbenfrohe Träume schwebten durch die Luft.

Aurora, erleichtert und dankbar, bedankte sich bei Felix, Luna und Leo. Als Belohnung erfüllte sie einen Wunsch für jeden von ihnen.

Felix wünschte sich, dass die Bewohner von Mystira ihre Träume für immer behalten würden. Luna wünschte sich eine Blume, die sich nie verwelken würde. Und Leo wünschte sich ein Buch, das ihm endloses Wissen verleihen würde.

Mit ihren Wünschen erfüllt und gestärkt durch ihre gemeinsamen Abenteuer verabschiedeten sich die Freunde von Mystira. Doch ihre Reise war noch lange nicht zu Ende, und sie wussten, dass noch viele magische Abenteuer auf sie warteten.

Einige Monate nach ihrem Abenteuer auf Mystira erhielten Felix, Luna und Leo eine mysteriöse Nachricht, die von einem alten Feind namens Morgrimm stammte.

Morgrimm war ein finsterer Zauberer, den sie in der Vergangenheit besiegt hatten, und es schien, als hätte er erneut finstere Pläne geschmiedet.

Die Nachricht besagte, dass Morgrimm einen uralten Zauberstein gestohlen hatte, der die Macht besaß, die Realität selbst zu verändern. Dieser Stein, genannt der „Katalysator des Schicksals", könnte katastrophale Konsequenzen haben, wenn er in die falschen Hände geriet. Entschlossen, die Bedrohung zu stoppen, machten sich die drei Freunde auf den Weg zu Morgrimms Versteck, einer düsteren Festung, die von dunklen Schatten umgeben war.

Der Weg war gefährlich, gesäumt von magischen Fallen und bewacht von finsteren Kreaturen, die Morgrimm beschworen hatte.

Als sie endlich Morgrimms Festung erreichten, trafen sie auf alte Gegner, Schattenwesen und magische Illusionen. Morgrimm, der in einem dunklen Gewand gehüllt war, wartete auf sie in einem großen Saal, der von flackernden Kerzen erleuchtet wurde.

Ein intensiver Kampf entbrannte, bei dem Morgrimm all seine finsteren Kräfte einsetzte. Luna beschwor schützende Barrieren, Leo täuschte mit Illusionen, während Felix mit blitzenden Lichtzaubern die Dunkelheit durchdrang. Doch Morgrimm war mächtiger als je zuvor und schien nicht leicht zu besiegen.

Plötzlich offenbarte Morgrimm seine wahre Absicht – er wollte den Katalysator des Schicksals verwenden, um die Welt nach seinen düsteren Vorstellungen umzugestalten. Die Freunde erkannten, dass sie nicht nur gegen Morgrimm, sondern auch gegen die Zeit selbst kämpften.

In einem verzweifelten Versuch, den Katalysator des Schicksals zurückzuerlangen, setzte Felix einen kraftvollen Bannzauber ein.

Doch Morgrimm konterte mit einem Wirbelsturm aus Schatten, der die

Freunde zu überwältigen drohte. In dem entscheidenden Moment erschienen die Geister der Bewohner von Mystira, die sich bei den Freunden für ihre Hilfe bedankten. Ihre gemeinsame positive Energie verstärkte die Zauber der Freunde, und mit einem vereinten Kraftakt gelang es ihnen, Morgrimm zu besiegen und den Katalysator des Schicksals zurückzuerlangen.

Erschöpft, aber siegreich, verließen Felix, Luna und Leo Morgrimms Festung. Die Welt war gerettet.

Nachdem Felix, Luna und Leo Morgrimm besiegt und den Katalysator des Schicksals sicher zurückgebracht hatten, kehrten sie in ihre Heimat zurück, erfüllt von einem tiefen Gefühl der Erfüllung und Verbundenheit. Die Bewohner von Mystira, die Geister der Insel und viele andere, denen sie auf ihren Abenteuern begegnet waren, hatten sich versammelt, um den mutigen Freunden zu danken. Eine große Festlichkeit wurde veranstaltet, mit lebhafter Musik, farbenfrohen Lichtern und einem Feuerwerk, das den Himmel erleuchtete. Professor Elara und die Lehrer der Zauberschule schlossen sich den Feierlichkeiten an, stolz auf ihre ehemaligen Schüler, die nicht nur ihre magischen Fähigkeiten, sondern auch ihre Herzen entwickelt hatten.

Felix, Luna und Leo genossen die Feierlichkeiten in vollen Zügen. Sie tanzten, lachten und teilten Geschichten mit all den Freunden, die sie auf ihrer Reise gewonnen hatten. Der Zaubererhut von Felix, Lunas verwandelte Blume und Leos zauberhaftes Buch waren Zeichen ihrer gemeinsamen Erfahrungen und Erinnerungen. Als die Nacht fortschritt, versammelten sich die drei Freunde am Ufer eines magischen Sees.

Der Mond spiegelte sich im klaren Wasser, und Sterne glitzerten am Himmel. Gemeinsam schauten sie auf die erleuchtete Welt und spürten die tiefe Zufriedenheit, die nur wahre Freundschaft und das Überwinden von Herausforderungen bringen konnten.

Felix schlug vor, dass ihre Reise weitergehen sollte, neue Abenteuer, unbekannte Orte und unentdeckte Magie warteten auf sie.

Mit einem Lächeln stimmten Luna und Leo zu. Hand in Hand betraten sie die Zukunft, bereit, die Welt mit ihrer einzigartigen Magie und ihrer Freundschaft zu verzaubern.

Und so endete die Geschichte von Felix, Luna und Leo nicht mit einem Schluss, sondern mit einem neuen Anfang, voller Möglichkeiten, Hoffnungen und der unendlichen Magie des Lebens.

Der kleine Zauberer Felix und seine Abenteuer

Nachdem Felix, Luna und Leo ihre Ausbildung an der Zauberschule erfolgreich abgeschlossen hatten, sehnten sie sich nach neuen Herausforderungen und aufregenden Abenteuern. Gemeinsam beschlossen sie, die Welt zu bereisen und dabei geheimnisvolle Orte zu erkunden, die bisher unentdeckt geblieben waren.

Ihre neuen Abenteuer begannen mit einer magischen Reise durch den Nebel der Wolken, bis sie schließlich den Eingang zum Sternentempel erreichten. Vor ihnen erstreckte sich eine majestätische Halle, deren Wände mit leuchtenden Sternen gemalt waren. In der Mitte des Tempels thronte ein uraltes Observatorium, das den Blick in die Tiefen des Universums erlaubte. Die Hüter des Sternentempels, Wesen aus reiner Energie und Hüter der kosmischen Weisheit, begrüßten die Freunde.

Sie erklärten, dass ein uralter Stern, der das Gleichgewicht der Magie in den Welten aufrechterhielt, seine Strahlkraft verlor. Ohne diese Strahlkraft würden die Magie und die mystischen Verbindungen zwischen den Welten langsam schwinden.

Felix, Luna und Leo wurden dazu auserkoren, die verlorenen Sternenlichter zu finden und sie in einem uralten Ritual wieder mit dem Stern zu verbinden. Die Freunde stimmten sofort zu und begaben sich auf ihre Reise durch verschiedene Welten, um die verlorenen Sternenlichter zu suchen.

Ihr erster Halt führte sie in den Kristallwald, einen Ort, der von lebenden Kristallbäumen und schimmernden Seen geprägt war. Hier begegneten sie den Lichthütern, geisterhaften Wesen, die die ersten verlorenen Sternenlichter bewachten. Eine Prüfung der Wahrheit und der Klarheit erwartete die Freunde, die sie mithilfe ihrer magischen Fähigkeiten bestanden.

Als Nächstes führte sie ihre Reise zu den Schatteninseln, einem geheimnisvollen Ort, umhüllt von Nebelschleiern. Hier trafen sie auf die Schattenwandler, mysteriöse Kreaturen, die die zweiten Sternenlichter hüteten.

Die Schattenwandler in den Schatteninseln waren faszinierende und geheimnisvolle Kreaturen, die sich in der undurchdringlichen Dunkelheit ihres Lebensraums geschickt bewegten.

Ihre Erscheinung war von der Finsternis selbst durchdrungen, und sie schienen mit den Schatten zu verschmelzen. Die Körper der Schattenwandler waren von einer undurchsichtigen, schwarz schimmernden Substanz umhüllt, die sich bei Bewegung wie flüssige Dunkelheit verhielt. Ihre Form war schlank und anmutig, mit fließenden Konturen, die sich an die Umgebung anzupassen schienen. Ein schwacher Glanz von silbernem Licht zeichnete ihre Konturen nach, wenn sie durch die Dunkelheit huschten.

Die Augen der Schattenwandler waren leuchtende Juwelen inmitten der Finsternis. Sie strahlten ein intensives, schimmerndes Licht aus, das die Umgebung auf geheimnisvolle Weise erhellen konnte.

Diese leuchtenden Augen verliehen den Schattenwandlern einen hypnotisierenden Blick, der ihre Anwesenheit noch mysteriöser machte.

Während der Prüfung in den Schatteninseln zeigten die Schattenwandler ihre beeindruckenden Fähigkeiten der Tarnung und Täuschung. Sie konnten sich nahezu unsichtbar machen, indem sie mit den Schatten verschmolzen, und dann plötzlich wieder auftauchen, um ihre Gegner zu überraschen.

Die Freunde wurden von den Schattenwandlern aufgefordert, ihre eigenen

Fähigkeiten der Lichtmagie einzusetzen, um die Dunkelheit zu durchdringen.

Diese Herausforderung forderte nicht nur ihre magischen Kräfte heraus, sondern auch ihre Fähigkeit, Licht in der Dunkelheit zu finden.

Nachdem die Prüfung bestanden war, verabschiedeten sich die Schattenwandler mit einer eleganten Verneigung ihrer schimmernden Formen. Ihre geheimnisvolle Erscheinung und ihre Fähigkeiten blieben den Freunden als ein faszinierendes Bild in Erinnerung, und sie setzten ihre Reise mit einem tieferen Verständnis für die Magie der Dunkelheit fort.

Luna setzte ihre Verwandlungskünste ein, um mit den Schatten zu verschmelzen, während Felix und Leo Lichtzauber nutzten, um die Dunkelheit zu durchdringen. Die letzte Prüfung führte sie zu den vergessenen Tiefen, einer Unterwasserwelt voller antiker Ruinen und magischer Geschöpfe.

Hier trafen sie auf die Ozeanwächter, majestätische Meereswesen, die die dritten Sternenlichter bewachten. Mit einem Unterwasserzauber von Luna und der Weisheit von Leo gelang es den Freunden, die Ozeanwächter zu überzeugen und die dritten Sternenlichter zu erhalten. Die Ozeanwächter in den vergessenen Tiefen waren majestätische Wesen, die die Schönheit und Erhabenheit der Meere verkörperten. Sie hatten elegante, geschmeidige Körper, die mit schimmernden Schuppen bedeckt waren, die im Licht der Unterwasserwelt in verschiedenen Blautönen glänzten. Ihre Flossen, die wie kunstvoll gestaltete Flügel aussahen, ermöglichten ihnen ein anmutiges Gleiten durch die tiefen Gewässer.

Die Augen der Ozeanwächter waren tief und strahlten eine ruhige Weisheit aus. Ihr Äußeres vermittelte eine harmonische Verbindung zur umgebenden Meereswelt.

Ihre langen Schwänze endeten in schwebenden Schleiern aus Wasser, die sich in sanften Wellenbewegungen bewegten. Jeder Ozeanwächter trug einen leuchtenden Muschelanhänger am Hals, der das Symbol ihrer Wächterrolle darstellte.

Die Ozeanwächter bewegten sich mit einer beeindruckenden Anmut durch die Gewässer der vergessenen Tiefen. Ihre Anwesenheit strahlte eine beruhigende Energie aus, während sie die verlorenen Sternenlichter sorgsam hüteten.

Zurück im Sternentempel entfalteten die Freunde die gewonnenen Sternenlichter vor dem uralten Observatorium. Ein kraftvolles Ritual begann, bei dem sie ihre Magie vereinten, um die verlorenen Strahlen mit dem Stern zu verbinden.

Ein blendendes Licht erfüllte den Tempel, und die Hüter des Sternentempels jubelten. Die Freunde hatten erfolgreich das Gleichgewicht der Magie wiederhergestellt. Der Stern erstrahlte nun in neuer Pracht, und sein Licht durchdrang die Welten, verbindend und nährend.

Als Belohnung erhielten Felix, Luna und Leo eine besondere Gabe – das Wissen um die uralte Kunst der Sternenmagie.

Diese Magie erlaubte es ihnen, nicht nur die Sterne zu lesen, sondern auch ihre eigene Magie mit den kosmischen Energien zu verbinden.

Ihre Reise durch den Sternentempel hatte nicht nur das Gleichgewicht wiederhergestellt, sondern die Freunde auch zu Hütern kosmischer Mächte gemacht. Mit ihrer neuen Sternenmagie setzten Felix, Luna und Leo ihre Reise fort, bereit, die Geheimnisse des Universums zu erkunden und die Magie in all ihren Facetten zu schützen.

Und so verließ das Trio den Sternentempel, dessen leuchtende Sterne ihre Reise erleuchteten. Neue Abenteuer, unentdeckte Welten und die unendlichen Geheimnisse der Sterne warteten darauf, von Felix, Luna und Leo enthüllt zu werden.

Die Abenteuer von Felix, Luna und Leo nahmen eine unerwartete Wendung, als sie einen magischen Flohmarkt entdeckten, der nur alle hundert Jahre erschien. Dieser magische Basar war bekannt für seine skurrilen Händler und kuriosen Waren. Die Freunde stöberten neugierig durch die bunte Vielfalt von fliegenden Teppichen, selbstspülenden Teekannen und sprechenden Pflanzen. Doch dann fiel ihnen ein besonders ungewöhnlicher Stand ins Auge – „Zaubertränke und Streiche" von Tricky Trixie, einer exzentrischen Zauberin mit bunten Haaren und einem lebhaften Lächeln.

Trixi schien genau die richtige Mischung aus Spaß und Abenteuer zu bieten, und die Freunde beschlossen, einige ihrer magischen Tränke und Streiche zu erwerben. Trixi, die den Schalk im Nacken hatte, war begeistert von ihrer neuesten Kundschaft.

Sie empfahl den Freunden den „Lachzaubertrank", der versprach, unkontrollierbares Lachen auszulösen. Felix, Luna und Leo konnten der Versuchung nicht widerstehen und tranken gemeinsam aus einem Trankbecher, der so groß war wie ein Eimer.

Kaum hatten sie den Lachzaubertrank zu sich genommen, begann die Magie zu wirken. Die Freunde fingen an, fröhlich zu kichern, doch bald darauf steigerte sich das Lachen zu einem unüberwindlichen Gelächter. Die Umstehenden auf dem Flohmarkt schauten überrascht zu, als die drei Freunde vor Lachen auf dem Boden rollten. Tricky Trixie, die sich vor Lachen krümmte, erklärte den Freunden, dass der Lachzaubertrank zwar Spaß machte, aber auch eine kleine Nebenwirkung hatte – das Lachen würde nicht so leicht aufhören.

Die Freunde versuchten verzweifelt, die Lachattacke zu stoppen, während sie von einem Stand zum nächsten taumelten.

Plötzlich tauchte ein weiterer Händler auf – ein kluger alter Zauberer namens Giggly Gustav. Gustav hatte einen magischen Gegenzauber gegen das unkontrollierbare Lachen, den er den Freunden anbot. Doch der Gegenzauber hatte seinen Preis: Sie mussten Gustav bei der Suche nach seinem verschwundenen Zauberschwein namens Schnüffelschnauz helfen.

Die Freunde, die immer noch dem Lachen erlagen, willigten ein und machten
sich auf die Suche nach Schnüffelschnauz.

Sie bekamen den Gegentrank und da-
raufhin hörte das Lachen auf. Sofort
machten die Drei sich auf den Weg und
die Spur führte sie durch einen laby-
rinthartigen Markt, vorbei an schrägen
Ständen und wunderlichen Wesen.

Nach einer Reihe von lustigen Ver-
wechslungen und chaotischen Begeg-
nungen fanden sie schließlich Schnüffelschnauz, der sich in einem Warenkorb
mit schwebenden Zauberhüten versteckt
hatte. Gustav war überglücklich, sein ge-
liebtes Zauberschwein wiederzufinden.
Die drei Zauberer verließen den magischen Flohmarkt mit einer Menge lusti-
ger Erinnerungen und einem festen Vor-
satz.

Beim nächsten magischen Basar würden sie vielleicht auf etwas weniger „lachende" Angebote achten. Doch eines war sicher – ihre lustigen Abenteuer waren längst nicht vorbei, und die Freunde setzten ihre Reise mit einem Lächeln und einer gehörigen Portion Spaß fort.

In der großen Bibliothek der Zauberschule, einem majestätischen Gebäude mit endlosen Regalen voller staubiger Bücher und geheimnisvoller Schriften, begann für Felix, Luna und Leo ein Abenteuer, das sie tief in die Magie der Vergangenheit führen sollte.

Eines Tages entdeckten die Freunde ein altes Buch mit dem Titel „Die Chroniken der verschollenen Zauberer". Das Buch war von einem unsichtbaren Band zusammengehalten und strahlte eine mysteriöse Aura aus. Neugierig öffneten sie das Buch, und plötzlich wurden sie von einem magischen Sog erfasst.

In einem Wirbel aus funkelndem Licht fanden sich Felix, Luna und Leo an einem geheimen Ort innerhalb der Bibliothek wieder – dem Archiv der verschollenen Zauberer.

Hier waren die Schriften und Aufzeichnungen der mächtigsten Zauberer und Hexen verborgen, die im Laufe der Jahrhunderte in Vergessenheit geraten waren.

Die Freunde wurden von einem geheimnisvollen Geist namens Archivarius begrüßt, einem alten Zauberer, der die Hüterrolle über das Archiv übernommen hatte. Archivarius erklärte, dass die verschollenen Zauberer einst eine Bruderschaft bildeten, die sich dem Schutz magischer Geheimnisse und der Bewahrung alter Mächte widmete.

Doch das Gleichgewicht wurde gestört, als eine dunkle Macht versuchte, das Archiv zu infiltrieren und die Kräfte der verschollenen Zauberer für finstere Zwecke zu nutzen. Archivarius bat Felix, Luna und Leo um Hilfe, um die drohende Gefahr abzuwenden. Die Freunde stürzten sich in die Recherche, durchforsteten vergilbte Schriften und entzifferten uralte Runen. Dabei stießen sie auf versteckte Hinweise, die sie zu den Gräbern der verschollenen Zauberer führten.

Jeder Grabstein barg eine magische Prüfung, die die Freunde bestehen mussten, um das Wissen und die Macht des verstorbenen Zauberers zu erhalten. Die erste Prüfung führte sie in den Garten der Illusionen. Der Garten der Illusionen im Archiv der verschollenen Zauberer war eine atemberaubende und zugleich verwirrende Landschaft, die den Betrachter mit magischen Täuschungen und veränderten Realitäten herausforderte.

Als Felix, Luna und Leo den Garten betraten, wurden sie von einem Meer aus schillernden Blumen und fliegenden Schmetterlingen begrüßt. Die Blumen im Garten der Illusionen hatten leuchtende Blüten in allen Farben des Regenbogens. Einzelne Blütenblätter schwebten durch die Luft und wechselten dabei ihre Farben, als würden sie mit den Emotionen der Betrachter spielen. Manchmal schien der Garten in einem goldenen Sonnenschein zu baden, während er im nächsten Moment von einem silbrigen Mondlicht erhellt wurde.

Hohe Hecken aus lebendigen Spiegelwänden umgaben die Pfade, die durch den Garten führten. Die Spiegel reflektierten nicht nur die physische Realität, sondern schufen auch Illusionen und Traumbilder. Jeder Schritt führte zu einem neuen Anblick, und die Grenzen zwischen Realität und Fantasie verschwammen.

Durch den Garten zogen sanfte Windböen, die klingenlose Melodien durch die Luft trugen. Die Bäume, deren Blätter wie flüsternde Schatten aussahen, neigten sich im Takt der unsichtbaren Melodien. Die Freunde fanden sich plötzlich in einem Bereich des Gartens wieder, in dem die Schwerkraft verschwunden zu sein schien. Blumen schwebten in der Luft, und der Himmel spiegelte sich nicht nur über, sondern auch unter ihnen.

Um die nächste Ecke entdeckten sie einen Bereich mit Wasserlilien, die auf einem schimmernden Teich trieben.

Doch beim näheren Hinsehen stellten sie fest, dass die Wasserlilien gar nicht auf dem Wasser, sondern in der Luft schwebten. Ihre Blütenblätter spiegelten den Himmel und schufen eine Illusion, als ob die Freunde auf einem magischen Teppich durch die Lüfte schwebten.

Die Wege im Garten schienen sich ständig zu verschieben, und die Freunde mussten ihre Intuition und Magie nutzen, um den richtigen Pfad zu finden. Manchmal wurden sie von Lachkobolden in die Irre geführt, die fröhlich durch die Gänge tanzten und wilde Illusionen um sich herum webten.

In der Mitte des Gartens der Illusionen erhob sich ein imposanter Irrgarten aus schimmernden Hecken. Hier mussten die Freunde nicht nur gegen die Illusionen des Gartens ankämpfen, sondern auch gegen die List des Labyrinths selbst. Mit vereinten Kräften und einer Mischung aus Kreativität und Magie gelang es ihnen schließlich, den Ausgang des Gartens zu finden.

Luna setzte ihre Verwandlungskünste ein, um den richtigen Weg durch die täuschenden Pfade zu finden. Die zweite Prüfung brachte sie zu den Himmelsspitzen, wo Felix seine Fähigkeiten der Elementarzauberei nutzen musste, um den Winden zu trotzen.

Schließlich führte sie die dritte Prüfung in die Tiefen des Spiegelsees, wo Leo mit magischer Weisheit die Illusionen durchschauen musste, um den wahren Weg zu finden.

Mit jedem bestandenen Test erlangten die Freunde nicht nur neue magische Fähigkeiten, sondern auch das Vertrauen der verschollenen Zauberer.

Als sie alle Prüfungen erfolgreich abgeschlossen hatten, vereinten Felix, Luna und Leo ihre neu gewonnenen Kräfte im Zentrum des Archivs. Dort offenbarte sich die dunkle Macht, die versucht hatte, das Wissen der verschollenen Zauberer zu missbrauchen.

In einem epischen magischen Duell standen die Freunde der finsteren Macht gegenüber. Mit vereinten Kräften und der Weisheit der verschollenen Zauberer gelang es ihnen, die Dunkelheit zu besiegen und das Gleichgewicht im Archiv wiederherzustellen. Das epische magische Duell im Archiv der Verschollenen Zauberer war ein atemberaubender Höhepunkt, bei dem Felix, Luna und Leo ihre vereinten Kräfte gegen die finstere Macht, die das Archiv bedrohte, einsetzten.

Inmitten des Archivs offenbarte sich die Dunkelheit in Form eines Schattenwirbels, der sich langsam zu einer schattenhaften Gestalt formte. Ein kaltes Lachen erfüllte den Raum, als die dunkle Macht ihre finsteren Absichten preisgab. Es war Morvagon, ein ehemals verschollener Zauberer, der nach uralten Mächten strebte, um die Realität nach seinen düsteren Vorstellungen zu verändern.

Morvagon erhob sich zu seiner vollen Größe, von schwarzer Magie umhüllt. Sein Umhang flatterte im unsichtbaren Wind, und sein Blick war von eisiger Entschlossenheit durchdrungen. Der Boden bebte unter der Aura seiner dunklen Präsenz, während er die Freunde mit Verachtung ansah.

Felix, Luna und Leo stellten sich ihm entschlossen entgegen. Mit einem gemeinsamen Zauber formten sie eine schützende Barriere aus leuchtendem Licht, die Morvagon vorerst auf Abstand hielt. Doch der finstere Zauberer lachte nur verächtlich und begann, Schattenkreaturen aus seiner Dunkelheit zu beschwören.

Das magische Duell entfaltete sich in einem atemberaubenden Schauspiel von Licht und Dunkelheit. Felix setzte seine Elementarzauberei ein, um Blitze des Lichts zu entfesseln, die die Schattenkreaturen zurückdrängten. Luna nutzte ihre Verwandlungskünste, um Illusionen zu erschaffen und Morvagon in einem Netz aus Trugbildern zu verwickeln. Leo, der sein zauberhaftes Buch einsetzte, las verborgene Zaubersprüche vor, um die dunklen Kräfte zu neutralisieren.

Morvagon konterte mit einer Welle von Finsternis, die versuchte, die Barriere der Freunde zu durchbrechen. Das Licht der Freunde wurde jedoch immer stärker, als sie sich auf ihre Freundschaft und die Weisheit der verschollenen Zauberer besannen. In einem entscheidenden Moment entfesselten sie einen mächtigen Bannzauber, der Morvagon mit blendendem Licht umhüllte.

Das Duell erreichte seinen Höhepunkt, als die Dunkelheit gegen das Licht kämpfte, und die Wellen magischer Energie den Raum durchzogen.

In einem finalen Akt der Zusammenarbeit bündelten Felix, Luna und Leo ihre Kräfte zu einem strahlenden Lichtblitz, der Morvagon in die Dunkelheit zurücktrieb.

Mit einem Aufschrei des Widerstands verschwand Morvagon, und das Archiv kehrte zu seiner normalen magischen Ruhe zurück. Die Schattenwirbel lösten sich auf, und das Licht der Freunde erstrahlte im Raum. Archivarius erschien, um die Freunde zu beglückwünschen, und die geheimen Schriften der verschollenen Zauberer leuchteten in einer erneuerten Magie. Mit dem epischen magischen Duell hinter sich und dem Wissen der verschollenen Zauberer in ihren Herzen verließen die Freunde das Archiv, bereit für neue Abenteuer und gestärkt durch die Überzeugung, dass das Licht der Freundschaft stets die Dunkelheit besiegen kann.

Die Zauberschule lag still unter dem sanften Licht des Mondes, als sich Luna entschloss, dem Trio eine überraschende Mitteilung zu machen. Felix und Leo saßen mit ihr am Ufer des magischen Sees, wo sie oft ihre Gedanken teilten und den Sternenhimmel betrachteten. Die Atmosphäre war friedlich, doch in Lunas Augen lag eine Entschlossenheit, die ihre Freunde zuerst nicht erkannten.

„Luna", begann Felix mit einem Lächeln, „welche magischen Abenteuer planst du als Nächstes?"

Luna blickte auf den See hinaus und antwortete mit einer Mischung aus Ernsthaftigkeit und Zögern: „Ich habe darüber nachgedacht, meine eigenen Wege zu gehen. Es gibt so viel in der magischen Welt zu entdecken, und ich möchte meine eigenen Abenteuer erleben."

Felix und Leo tauschten einen verwunderten Blick aus, während die Nachricht langsam einsank. „Aber ... wir sind doch ein Team, Luna", sagte Leo mit einem Hauch von Traurigkeit in seiner Stimme.

Luna lächelte traurig. „Ihr seid meine besten Freunde, und das wird sich nie ändern. Aber ich fühle, dass es Zeit für mich ist, meine eigenen Herausforderungen zu meistern. Es ist nicht das Ende unserer Freundschaft, nur eine Veränderung."

Felix und Leo spürten einen Kloß im Hals, als sie die Worte von Luna verarbeiteten. Die drei Freunde hatten so viele magische Momente geteilt, gemeinsam gelacht und zusammen Abenteuer bestanden. Die Vorstellung, dass sich ihre Wege nun trennen würden, war schwer zu fassen.

Die Nacht verstrich, und die Freunde saßen in nachdenklichem Schweigen. Luna erklärte, dass sie schon immer von einer geheimnisvollen Insel geträumt hatte, auf der uralte Magie verborgen war. Ihre Neugier und der Wunsch nach Selbstentdeckung trieben sie dazu, diese Insel zu finden und ihre Magie zu erkunden. Trotz ihrer Trauer über Lunas Entscheidung respektierten Felix und Leo ihren Wunsch. Sie verstanden, dass jeder Zauberer seine eigene Reise machen musste.

Doch als der Morgenhimmel die Dunkelheit verdrängte, versprachen sie sich, dass ihre Freundschaft unabhängig von den physischen Entfernungen weiterhin bestehen würde.

Mit einem letzten Lächeln und einer herzlichen Umarmung verabschiedeten sich die Freunde am Ufer des magischen Sees.

Luna machte sich allein auf den Weg zu neuen Abenteuern, während Felix und Leo zurückblieben und sich bewusstwurden, dass ihre gemeinsame Reise für den Moment eine Wendung genommen hatte. Das Trio, das einst so eng miteinander verbunden war, fand sich nun auf unterschiedlichen Pfaden. Doch das Band der Freundschaft, das sie zusammengeführt hatte, war stark genug, um die Prüfungen der Zeit und der Entfernung zu überstehen.

Und wer weiß, vielleicht würden ihre Wege sich eines Tages wieder kreuzen, und das Trio würde sich erneut zu einem mächtigen Team vereinen, bereit für neue magische Abenteuer.

Es wird Zeit Felix kennenzulernen.

Felix stammte aus einem malerischen Dorf namens Sonnenheim, das inmitten von sanften Hügeln und saftig grünen Wiesen lag. Das Dorf war für seine warmherzigen Bewohner und die friedliche Koexistenz von Menschen und magischen Wesen bekannt. Sonnenheim war eingebettet in eine Landschaft voller Farben, wo Sonnenuntergänge die Himmel in warme Töne tauchten und das Lachen der Dorfbewohner den Frieden der Umgebung widerspiegelte.

Felix selbst hatte das lebhafte Aussehen eines typischen Menschenjungen aus Sonnenheim. Sein Haar war von einem erdigen Braun, das im Licht der Sonne golden schimmerte, und seine braunen Augen erinnerten an Herbstblätter. Er trug oft einfache, aber praktische Kleidung, die ihn für seine Abenteuer bereit machte. Felix war von Natur aus neugierig und abenteuerlustig. Schon früh entdeckte er seine Liebe zur Magie und begann, einfache Zaubertricks zu erlernen. Seine Begeisterung führte dazu, dass er von den Dorfbewohnern als der „kleine Zauberer von Sonnenheim" bekannt wurde.

Obwohl er menschlich war, hatte Felix ein besonderes Talent für die Beherrschung von Elementarzaubern. Seine Zaubersprüche waren oft von der Energie der Sonne inspiriert, und er konnte Lichtzauber entfesseln, die die Dunkelheit durchbrachen.

Diese Fähigkeiten machten ihn zu einem geschätzten Mitglied der Dorfgemeinschaft. Felix trug stets einen blauen Zaubererhut, der zu seinem Markenzeichen wurde. Der Hut war mit einem lebendigen blauen Band verziert, das im Wind flatterte, wenn Felix sich in seinen Abenteuern bewegte. Sein Zauberstab war ein Erbstück von einem entfernten Verwandten, der selbst ein begabter Magier gewesen war.

Trotz seiner magischen Begabung und seines Mutes blieb Felix bodenständig und freundlich. Er hatte einen starken Gerechtigkeitssinn und war stets bereit, seinen Freunden zu helfen. Felix' Liebe zum Abenteuer führte ihn schließlich zu Luna und Leo, und gemeinsam bildeten sie das magische Trio, das die Welt mit ihrer einzigartigen Mischung aus Fähig-keiten und Persönlichkeiten verzauberte.

Lernen wir Luna ein bisschen besser kennen.

Luna stammte aus einer fernen Region der magischen Welt, die von einer Mischung aus zauberhaften Wäldern, schimmernden Seen und geheimnisvollen Bergen geprägt war. Ihre Heimat, bekannt als Silbermond-Tal, war für ihre einzigartige Verbindung zur Naturmagie und den geheimen Pfaden zu verborgenen Orten in der magischen Welt berühmt. Luna selbst trug die Magie ihres Heimatlandes in sich. Ihre silbrigen Augen spiegelten die Mysterien der Natur wider, und ihr Haar schimmerte wie das Licht des Mondes. Die Silbersträhnen waren so fein, dass sie fast den Eindruck erweckten, dass Luna bei jedem Schritt ein wenig Sternenstaub verstreute.

Ihre Kleidung war von den Farben des Silbermond-Tals inspiriert. Sie trug einen Umhang aus schwarzem Gewebe, verziert mit subtilen, schimmernden Verzierungen, die an den Glanz von Mondlicht auf dem Wasser erinnerten.

Luna hatte eine natürliche Eleganz, die von ihrer Verbindung zur Natur und den Geheimnissen ihrer Heimat zeugte. Ihre magischen Fähigkeiten waren stark von den Elementen der Natur beeinflusst. Sie war besonders geschickt in der Kontrolle über Pflanzenmagie und der Kommunikation mit magischen Kreaturen. Ihre Verwandlungskünste erlaubten es ihr, sich nahtlos in die Natur einzufügen und mit den Wesen des Silbermond-Tals zu interagieren.

Trotz ihrer beeindruckenden magischen Fähigkeiten und ihrer engen Verbindung zur Natur war Luna bescheiden und freundlich. Ihr Lächeln war so strahlend wie der Mondschein, und ihre warme Persönlichkeit zog Menschen und magische Wesen gleichermaßen an. Luna trug immer ein Amulett, das ein Erbstück ihrer Familie war und eine geheime Verbindung zu den magischen Energien des Silbermond-Tals darstellte. Dieses Amulett begleitete sie auf all ihren Abenteuern und erinnerte sie stets an ihre Wurzeln und die magische Quelle ihrer Kräfte.

Nun lernen wir natürlich
auch Leo kennen.

Leo kam aus der geheimnisvollen Stadt Astromir, die in den schwindelerregenden Höhen der Wolkenberge thronte. Astromir war berühmt für seine Verbindung zur Sternenmagie und die erhabene Architektur, die sich nahtlos in die majestätischen Bergspitzen einfügte. Die Stadt war von schimmernden Sternenlichtern erhellt, die den Himmel über den Wolken schwebte.

Der junge Leo trug die Eleganz seiner Herkunft in sich. Sein rabenschwarzes Haar schien mit Sternenstaub durchzogen zu sein, und seine bernsteinfarbenen Augen glänzten wie die Sterne, die über Astromir wachten. Leo hatte eine schlanke Statur und eine anmutige Bewegung, die die magische Energie seiner Heimat widerspiegelte.

Seine Kleidung war von den himmlischen Farben inspiriert, die die Stadt umgaben.

Leo trug einen Umhang aus tiefem Nachtblau, verziert mit silbernen Stickereien, die das Funkeln der Sterne nachahmten. Seine Kleidung war leicht und geschmeidig, perfekt für die Bewegungen eines geschickten Sternenbeschwörers. Leo war ein begabter Sternenbeschwörer, was ihn in Astromir zu einem angesehenen Mitglied der magischen Gemeinschaft machte. Seine magischen Fähigkeiten ermöglichten es ihm, mit den Sternen zu kommunizieren, ihre Energien zu nutzen und sogar Sternschnuppen herbeizurufen, um Wünsche zu erfüllen.

Sein Zauberstab war aus dem Holz eines uralten Sternenbaums gefertigt und mit einem funkelnden Sternenkristall gekrönt. Dieser Kristall leuchtete im Dunkeln und strahlte eine beruhigende Energie aus, die von der Magie der Sterne gespeist wurde.

Leo hatte eine sanfte und einfühlsame Persönlichkeit. Er war bekannt für seine Weisheit und sein tiefes Verständnis der Sterne. Leo fand Trost in den nächtlichen Himmeln und betrachtete oft die Sternenkonstellationen, um Antworten auf die Rätsel des Lebens zu finden. Als das Schicksal ihn mit Felix und Luna zusammenführte, vervollständigte Leo das magische Trio mit seiner einzigartigen Sternenmagie. Gemeinsam durchstreiften sie die Welt, bereit, die Mysterien der Magie zu erkunden und das Gleichgewicht zwischen Licht und Dunkelheit zu bewahren.

Es muss auch zu zweit weitergehen

Felix und Leo hatten von einem alten Zauberbuch in der Bibliothek der Zauberschule gehört, das von den verborgenen Geheimnissen der Höhlen des Waldes berichtete. In diesem Buch stand geschrieben, dass die Höhlen eine Quelle uralter Weisheit und mächtiger Magie seien, die nur von den mutigsten Zauberern erkundet werden konnten.

Die beiden Freunde, neugierig und voller Abenteuerlust, entschieden sich dazu, das Geheimnis der Höhlen zu enthüllen und ihr eigenes Verständnis von Magie zu vertiefen. Sie hofften, auf ihrer Reise nicht nur mächtige Zaubersprüche zu entdecken, sondern auch mehr über die Geschichte ihrer magischen Welt zu erfahren. Die Gerüchte besagten auch, dass die Höhlen Prüfungen stellten, die nicht nur die magischen Fähigkeiten, sondern auch die Freundschaft und Zusammenarbeit der Zauberer auf die Probe stellten.

Angezogen von dieser Herausforderung, wagten sich Felix und Leo in die Tiefe der Höhlen, bereit für alles, was vor ihnen lag.

Felix und Leo wagten sich tief in die Höhlen des Waldes, ein labyrinthisches Netzwerk aus unterirdischen Gängen, das von uralten Magien durchzogen war. Der Eingang zu den Höhlen war von einer schimmernden Barriere umgeben, die wie ein schützendes Rätsel die Schwelle zur Dunkelheit bewachte.

Nachdem die Freunde gemeinsam ihre magischen Fähigkeiten eingesetzt hatten, gab die Barriere nach und enthüllte den geheimnisvollen Pfad vor ihnen. Die Dunkelheit der Höhlen war undurchdringlich, aber die Zauberstäbe von Felix und Leo erleuchteten den Weg. Der Klang ihrer Schritte hallte in den gewundenen Gängen wider, als sie tiefer in das Herz der Höhlen vordrangen.

Plötzlich öffnete sich vor ihnen eine majestätische Halle, deren Wände mit leuchtenden Kristallen geschmückt waren. Die Kristalle schimmerten in allen Farben des Regenbogens und erfüllten den Raum mit einem zauberhaften Glanz. In der Mitte der Halle erhob sich ein uralter Baum, dessen knorrige Äste sich in schwindelerregende Höhen erstreckten. An den Ästen hingen schimmernde Kristalle, die im Licht der Zauberstäbe der Freunde funkelten.

Eine geisterhafte Stimme, die von den Kristallen widerhallte, forderte die Freunde heraus, die Prüfungen der Höhlen zu bestehen. Die erste Prüfung enthüllte einen magischen Teich, dessen Oberfläche von einer nebelhaften Vision durchzogen war. Felix und Leo wurden aufgefordert, die Zukunft zu interpretieren und die richtigen Entscheidungen zu treffen, um weiterzukommen.

Die nebelhafte Vision verwandelte sich in tanzende Bilder, die rätselhafte Szenen aus der Zukunft zeigten. Mit vereinten Kräften und ihrer einzigartigen Magie entschlüsselten Felix und Leo die Botschaften im Nebel. Sie trafen kluge Entscheidungen, die den Lauf der Zukunft beeinflussen würden, und überwanden so die erste Prüfung. Die geisterhafte Stimme lobte ihre Weisheit und wies den Weg tiefer in die Höhlen.

Die nächste Prüfung führte sie zu einem schillernden Labyrinth aus glitzernden Kristallen. Die Kristalle schimmerten in den unterschiedlichsten Farben und warfen funkelnde Reflexionen an die Wände des Labyrinths. Hier mussten Felix und Leo ihre Zauberkräfte geschickt einsetzen, um den richtigen Weg durch das glitzernde Gewirr zu finden.

Leo beschwor leuchtende Sterne, die den Weg wiesen, während Felix mit Lichtzaubern die Gefahren enthüllte. Gemeinsam navigierten sie durch das schimmernde Labyrinth, um schließlich das Zentrum zu erreichen und die zweite Prüfung zu bestehen.

Nachdem sie das Labyrinth gemeistert hatten, erreichten die Freunde eine unterirdische Lichtung, wo ein verzauberter Brunnen stand.

Hier wurden ihre Freundschaft und ihre Zusammenarbeit auf die Probe gestellt. Felix und Leo mussten gemeinsam einen mächtigen Zauberspruch wirken, um die Wasserquelle zu reinigen und ihre magische Energie freizusetzen.

Mit vereinten Kräften gelang es ihnen, den Brunnen wieder zum Leben zu erwecken. Das klare Wasser begann magisch zu schimmern, und die geisterhafte Stimme verkündete, dass die Prüfungen der Höhlen gemeistert waren. Ein geheimnisvolles Portal öffnete sich, und Felix und Leo kehrten zurück zur Zauberschule.

Die leuchtenden Kristalle und die Klänge der Höhlen begleiteten sie auf ihrem Weg, und die geisterhafte Stimme flüsterte im Wind ihre Anerkennung für die Freundschaft und den Mut der beiden Zauberer.

Die Höhlen des Waldes hatten ihre Geheimnisse preisgegeben, und Felix und Leo trugen das Wissen und die Magie dieser unvergesslichen Prüfungen mit sich, bereit für weitere Abenteuer und Herausforderungen, die das Schicksal für sie bereithalten mochte.

Felix und Leo hatten in den vergangenen Wochen zahlreiche Abenteuer allein gemeistert, ihre magischen Fähigkeiten verfeinert und neue Herausforderungen mit Bravour bewältigt. Doch eines Tages erreichte sie eine Eule, deren Federkleid von einem schimmernden Glanz durchzogen war. In ihren Klauen trug die Eule einen Brief, dessen Siegel magisch schimmerte. Es war eine Nachricht von Luna.

Der Hilferuf in Lunas Botschaft war klar und dringend. Sie befand sich in den Fängen eines bösen Magiers. Luna schrieb von einem düsteren Verlies, umgeben von finsterer Magie, und flehte um die Hilfe ihrer Freunde.

Ohne zu zögern, machten sie sich die beiden Jungen auf den Weg, den geheimnisvollen Ort zu finden, an dem Luna gefangen gehalten wurde.

Die Eule führte sie durch dichte Wälder, über hohe Berge und durch zauberhafte Landschaften, deren Magie sich mit
jedem Schritt intensiver anfühlte.

Schließlich erreichten sie den Ort, der
in Lunas Botschaft beschrieben wurde –
ein düsteres Verlies, in dem die Luft von
einer bedrückenden Finsternis erfüllt
war. Der Eingang war von einem undurchdringlichen Schleier aus Schatten
umgeben, doch Felix und Leo zögerten
nicht.

Mit vereinten Kräften setzten sie ihre magischen Fähigkeiten ein, um den Schleier zu durchbrechen. Ein blendendes Licht erfüllte den Raum, als sie das Verlies betraten. Luna, gefangen in magischen Fesseln, saß in der Mitte des Raumes, ihr silbernes Haar verblasst, und ihre Augen spiegelten die Verzweiflung wider.

Die Freude in Lunas Augen erstrahlte, als sie Felix und Leo sah. Die beiden Freunde konzentrierten ihre Magie, um die magischen Fesseln zu brechen, die Luna gefangen hielten. Dunkle Schatten wirbelten auf, als die Macht des bösen Magiers gegen die vereinte Kraft der Freunde kämpfte.

Felix, Leo und Luna standen in der düsteren Mitte des Verlieses, bereit, sich dem bösen Magier und seiner finsteren Magie entgegenzustellen.

Die Luft war gespannt, und die düsteren Schatten umhüllten sie wie ein undurchdringlicher Nebel.

Der böse Magier, in einem schwarzen Umhang gehüllt, trat aus den Schatten hervor. Seine Augen glühten in einem bedrohlichen Rot, und dunkle Energien umgaben ihn wie ein unheilvoller Nimbus. Mit einem höhnischen Lachen verkündete er seine Absicht, die Macht von Luna zu seinem eigenen Vorteil zu nutzen.

Felix entfesselte als erster seine Magie. Er wirbelte seinen Zauberstab in der Luft, und grelles Licht brach aus seinen Händen hervor. Blendende Lichtblitze schossen auf den bösen Magier zu, der sich mit geschickten Bewegungen vor den Angriffen zu schützen versuchte.

Leo fokussierte seine Sternenmagie und ließ glitzernde Sternschnuppen auf den Magier regnen. Die funkelnden Lichter wirkten wie Schutzschilde, die die dunklen Energien abprallen ließen. Der böse Magier, nun von zwei Fronten attackiert, geriet ins Straucheln, doch er war noch lange nicht besiegt.

Luna, befreit von den magischen Fesseln, setzte ihre Pflanzenmagie ein. Ranken aus grünem Licht wuchsen um den bösen Magier herum, versuchten ihn zu fesseln und zu umschlingen.

Doch der finstere Zauberer wehrte sich mit einer Welle dunkler Energie, die die Ranken in Rauch aufgehen ließ.

Der Kampf erreichte seinen Höhepunkt, als der böse Magier eine wirbelnde Dunkelheit beschwor, die sich um die Freunde legte. Die Finsternis versuchte, ihre Sinne zu trüben und ihre Magie zu ersticken. Doch die drei Freunde ließen sich nicht entmutigen.

Felix, Luna und Leo bündelten ihre Kräfte und schufen einen Gegenzauber aus Licht, der die Dunkelheit durchdrang. Die Finsternis wurde zurückgedrängt, und der böse Magier war den vereinten Anstrengungen nicht mehr gewachsen.

Mit einem gewaltigen Zauberbann, verstärkt durch ihre Freundschaft und ihre einzigartige Magie, trieben sie den finsteren Zauberer zurück. Der Raum erbebte von der Machtentladung, und der böse Magier verschwand in einem Strudel aus Schatten. Als die Dunkelheit sich verzog, standen Felix, Luna und Leo atemlos, aber siegreich da. Die düstere Energie, die den Raum einst erfüllt hatte, wich dem Licht ihrer Freundschaft. Luna strahlte vor Dankbarkeit, und die Magie, die einst gefangen war, entfaltete sich in ihrer vollen Pracht.

Der böse Magier, der die Dunkelheit beherrschen wollte, wurde von der vereinten Macht der Freunde überwältigt. Mit einem gewaltigen magischen Aufbäumen wurde die Finsternis zerschmettert, und der Kerker, der Luna gefangen hielt, zerfiel zu Staub.

Erschöpft, aber siegreich, umarmten sich Felix, Luna und Leo. Der düstere Ort, der einst von böser Magie durchtränkt war, erstrahlte nun im Licht ihrer Freundschaft und ihrer vereinten Magie. Die Eule, die sie begleitet hatte, kreiste über ihnen und ließ einen befreienden Ruf erklingen.

Gemeinsam verließen sie den Ort des ehemaligen Verlieses und kehrten zur Zauberschule zurück. Luna war dankbar für die Tapferkeit und den Mut ihrer Freunde, die sie aus den Fängen der Dunkelheit befreit hatten.

Die drei Freunde saßen gemütlich auf einer Sofagarnitur in einer abgelegenen Ecke der Zauberschule. Das prasselnde Feuer im Kamin tauchte den Raum in ein warmes Licht, und die Wände waren mit alten Zauberbüchern und magischen Artefakten geschmückt. Luna hatte eine ernste Miene, als sie begann, von ihren Abenteuern der letzten Wochen zu erzählen.

„Ich entschloss mich, alleine auf Entdeckungsreise zu gehen, um meine Fähigkeiten zu vertiefen und mehr über die Magie meines Heimatlandes zu erfahren", begann Luna.

„Die Reise führte mich durch zauberhafte Wälder, glitzernde Seen und geheimnisvolle Berge. Es war eine Zeit der Selbstfindung und des Wachstums."

Die anderen lauschten gespannt, während Luna ihre Erlebnisse schilderte. Sie erzählte von magischen Kreaturen, die sie getroffen hatte, von uralten Tempeln, die sie erkundet hatte, und von den Geheimnissen der Naturmagie, die sie zu beherrschen begann. Doch plötzlich verdunkelte sich Lunas Gesicht.

„In einem vergessenen Tal stieß ich auf einen bösen Magier, der die magische Energie der Umgebung ausnutzen wollte. Ich versuchte, ihm Einhalt zu gebieten, aber er war mächtiger, als ich dachte. Er nutzte dunkle Magie, um mich gefangenzunehmen und meine Kräfte zu unterdrücken." Felix und Leo hörten aufmerksam zu, ihre Miene wurde ernst. „Der böse Magier wollte meine Magie für seine finsteren Pläne nutzen. Er hatte dunkle Kreaturen beschworen und einen Zauber gewirkt, der meine Verbindung zur Natur zu zerstören drohte." Die Atmosphäre im Raum wurde gespannt, als Luna ihre Erzählung fortsetzte. „Doch ich habe nicht aufgegeben. In meiner Gefangenschaft fand ich einen Weg, meine Kräfte zu regenerieren. Mit einem Moment der Konzentration und der Kraft der Natur gelang es mir, die Fesseln zu brechen und mich zu befreien. Doch hat er es gemerkt und die Fesseln verstärkt."

Ein Hauch von Bewunderung lag in den Augen von Felix und Leo. Luna lächelte sanft. „Und dann, vereinten wir uns erneut, um den bösen Magier zu besiegen. Seine dunklen Pläne wurden durch unsere Freundschaft und unsere vereinte Magie zunichtegemacht. Doch die Erfahrung hat mich gelehrt, dass auch die stärksten Kräfte manchmal schwach werden können."

Die Sofagarnitur wurde von einer nachdenklichen Stille erfüllt. Die Freunde wussten, dass ihre Reise noch nicht zu Ende war, und neue Herausforderungen warteten auf sie. Doch gestärkt durch Lunas Überwindung und ihre gemeinsamen Abenteuer sahen sie der Zukunft voller Entschlossenheit und Magie entgegen.

Die drei Freunde, Felix, Luna und Leo, saßen nach Lunas spannender Erzählung auf der Sofagarnitur in der Zauberschule. Ein Augenblick der Stille hing in der Luft, während ihre Gedanken die Worte von Luna verarbeiteten. Schließlich brach Felix das Schweigen.

„Das war wirklich eine beeindruckende Reise, Luna. Du hast so viel erlebt und über dich selbst gelernt", sagte er, seinen Zaubererhut leicht in der Hand drehend.

Luna nickte nachdenklich. „Ja, es war eine Zeit der Herausforderungen, aber auch der Entdeckungen. Und ich habe gemerkt, wie wichtig unsere Freundschaft für mich ist."

Leo fügte hinzu: „Wir sind ein starkes Team, und gemeinsam können wir jede Herausforderung meistern. Aber Luna, du hättest uns einfach sagen können, wenn du Hilfe benötigst. Wir sind immer für dich da."

Luna lächelte dankbar. „Ich weiß das wirklich zu schätzen. Aber ich wollte sehen, wie weit ich alleine gehen kann. Jetzt aber erkenne ich, dass unsere Stärke in unserer Zusammenarbeit liegt."

Felix schlug vor: „Warum gehen wir nicht gemeinsam auf unser nächstes Abenteuer? Als das magische Trio, das die Welt mit seiner einzigartigen Mischung aus Fähigkeiten und Persönlichkeiten verzaubert!"

Leo stimmte zu: „Das klingt nach einem Plan. Zusammen sind wir unschlagbar."

Und so beschlossen die drei Freunde, wieder als Trio gemeinsam in die Abenteuer der magischen Welt zu ziehen. Die Sofagarnitur wurde zum Ort ihrer Pläne, und die Vorfreude auf kommende Herausforderungen füllte den Raum. Gemeinsam, gestärkt durch ihre Freundschaft, waren sie bereit, alles zu überwinden, was das Schicksal für sie bereithielt.

Felix und Luna saßen am Ufer des magischen Sees, der im sanften Licht des Mondes schimmerte. Die Sterne über ihnen bildeten ein funkelndes Zelt am Nachthimmel. Die Stille wurde nur vom leisen Plätschern des Wassers durchbrochen.

„Felix", begann Luna mit einem sanften Lächeln, „ich habe dich wirklich vermisst. Die Abenteuer alleine waren aufregend, aber es fehlte etwas ohne euch beide."

Felix lächelte zurück und sagte: „Luna, ich habe dich auch unglaublich vermisst. Die Welt ist einfach nicht dasselbe ohne unsere magische Dreieinigkeit."

Bevor Felix etwas mehr sagen konnte, spürte er einen zarten Druck auf seinen Lippen. Luna hatte sich zu ihm geneigt und ihm einen liebevollen Kuss geschenkt. Ein Augenblick der Überraschung lag in der Luft, gefolgt von einem warmen Gefühl der Verbundenheit.

Als sich ihre Lippen trennten, lächelten sie sich an. „Ich konnte einfach nicht widerstehen", gestand Luna mit einem schelmischen Funkeln in ihren silbernen Augen.

Felix lachte leise. „Ich bin froh, dass du das getan hast."

Die beiden saßen am Ufer des magischen Sees, Hand in Hand, und ließen sich vom Zauber des Moments einfangen.

Die Sterne leuchteten über ihnen, und das sanfte Plätschern des Wassers begleitete ihr Lachen. In dieser magischen Nacht wurde ihre Verbindung noch tiefer, und die Gewissheit, dass sie als Trio gemeinsam in die Zukunft gehen würden, füllte ihre Herzen mit Freude und Zuversicht.

Leo beobachtete Felix und Luna, wie sie miteinander plauderten und lachten. Es war offensichtlich, dass sich zwischen ihnen mehr als nur Freundschaft entwickelt hatte. Eine warme Welle der Freude durchströmte Leo bei dem Gedanken, dass seine beiden Freunde sich verliebt hatten. Er beschloss, die Stimmung nicht zu unterbrechen, aber mit einem verschmitzten Lächeln gesellte er sich zu ihnen. „Ihr beiden seid wirklich süß zusammen", bemerkte Leo mit einem Augenzwinkern. „Es war offensichtlich, dass da etwas in der Luft lag."

Felix und Luna sahen sich kurz an, bevor sie beide erröteten. »Nun ja, Leo, es ist … es ist einfach passiert", sagte Felix und versuchte, die plötzliche Veränderung ihrer Beziehung zu erklären. Luna fügte hinzu: „Manchmal findet die Magie der Freundschaft einen Weg, sich in etwas noch Besondereres zu verwandeln. Und wir haben beschlossen, es zu erkunden." Leo lachte herzlich. „Ich freue mich wirklich für euch! Das macht unser magisches Trio nur noch stärker. Die Magie der Liebe ist genauso kraftvoll wie jede Zauberformel, wenn nicht sogar noch mehr."

Die drei Freunde setzten sich am Ufer des magischen Sees nieder, umgeben von der schimmernden Atmosphäre der Nacht. Der Sternenhimmel schien ihre Geschichte zu bestätigen, und Leo konnte die einzigartige Magie der Liebe zwischen Felix und Luna spüren. Das Trio war bereit, nicht nur die Welt mit ihrer Magie zu verzaubern, sondern auch die Liebe in ihre Abenteuer zu integrieren.

ENDE

Tobi, der Botschafter der Zwerge

Tobi hatte sein gemütliches Heim an der Basis eines riesigen Eichenbaums errichtet, wo die Wurzeln den perfekten Unterschlupf bildeten. Sein Zuhause, liebevoll "Zwergenstübchen" genannt, war nicht nur ein einfacher Schlafplatz, sondern ein wahres Meisterwerk der Zwergenkunst. Die Wände waren mit handgewebten Teppichen geschmückt, auf denen Geschichten von vergangenen Abenteuern und Legenden des Zwergenvolkes verewigt waren.

In einer Ecke seines Zwergenstübchens stand ein massiver Holztisch, den Tobi selbst aus den Wurzeln des Eichenbaums geschnitzt hatte. Der Tisch war mit fein gearbeiteten Holzstühlen umgeben, von denen jeder eine eigene Geschichte zu erzählen schien. Auf dem Tisch standen kunstvoll geschnitzte Schalen, gefüllt mit glitzernden Edelsteinen, die Tobi auf seinen Reisen gesammelt hatte.

Für seine Reise zum großen Zwergenwald wählte Tobi eine spezielle Zwergenkleidung aus. Sein grüner Mantel war aus feinstem Zwergenleinen gefertigt, das nicht nur leicht und atmungsaktiv war, sondern auch vor den rauen Elementen des Waldes schützte. Die Knöpfe des Mantels waren winzige, von Hand geschmiedete Silberknöpfe, jedes verziert mit einem Symbol der Natur. Tiere, Pflanzen und Flüsse waren auf den Knöpfen zu sehen.

Seine Hose, fest und bequem, war aus einem speziellen Stoff gewebt, der von den Spinnen des Waldes gesponnen wurde. Die Spinnenweben sorgten für eine leichte Dehnbarkeit, die Tobi erlaubte, sich frei zu bewegen, während er durch den dichten Wald wanderte. An seinen Füßen trug er knöchelhohe Stiefel aus geschmeidigem Leder, die von den geschickten Händen der Zwergenschuster gefertigt worden waren.

Tobi schulterte seinen Rucksack, der nicht nur leckere Pilzpasteten enthielt, sondern auch einen magische Trinkflasche, die stets kühles Quellwasser bereithielt. An seinem Gürtel baumelte eine kleine Tasche, in der er seine selbst geschnitzte Flöte aufbewahrte, die er oft benutzte, um mit den Tieren des Waldes zu kommunizieren.

Die Reise hatte grade erst begonnen, als Tobi auf eine riesige Ameisenarmee stieß. Mit einem freundlichen Lächeln kniete er sich hin, öffnete seinen Rucksack und holte eine handvoll Pilzpasteten heraus. Die Ameisen, angezogen vom verlockenden Duft, versammelten sich um Tobi und folgten ihm bereitwillig über ihren Pfad. Jede Ameise trug nun stolz eine winzige Blume, die Tobi ihnen als Dankeschön überreicht hatte.

Weiter ging die Reise, und bald erreichte Tobi das schnell fließende Flussbett. Hier traf er die freundliche Forelle Fritzi. Sie schwamm um ihn herum und bewunderte seine Zwergenkleidung. Tobi erzählte ihr von den feinen Stoffen und den silbernen Knöpfen, und Fritzi war fasziniert. Gemeinsam schwammen sie über den Fluss, und Tobi konnte spüren, wie das Wasser sanft gegen seine Stiefel plätscherte.

Als er das Flussbett hinter sich ließ und der Pfad steil und rau wurde, teilte Tobi sein Quellwasser mit dem mürrischen alten Dachs Dietrich. Während sie sich unter einem schattigen Baum ausruhten, bewunderte Dietrich Tobias Zwergenkleidung und gestand, dass er nie zuvor einen so freundlichen Wanderer getroffen hatte.

Schließlich erreichte Tobi den großen Zwergenwald, wo er von den anderen Zwergen bewundert wurde, nicht nur wegen seiner Tapferkeit, sondern auch wegen seiner kunstvollen Kleidung. Der weise Zwerg Oskar, der die goldene Brille trug, war beeindruckt von Tobis Geschichten und dankte ihm für die sorgfältige Überbringung der königlichen Botschaft.

Tobi wurde zum offiziellen Botschafter des Zwergenkönigs ernannt, und die anderen Zwerge feierten dies mit einem festlichen Bankett. Die Zwergenkleidung wurde zu einem wichtigen Teil ihrer Kultur, und Tobi trug seine kunstvolle Gewandung mit Stolz. Nach diesem aufregenen Abenteuer kehrte Tobi zu seinem Zwergenstübchen im Herzen des Waldes zurück, wo er sich auf seinem handgeschnitzten Holzstuhl niederließ und die Erlebnisse in seinem Tagebuch festhielt.

Eines Abends, als der Mond sein silbernes Licht über den Zwergenwald ergoss und die Sterne am Himmel zu tanzen schienen, saß Tobi in seinem Zwergenstübchen, wo er grade ein köstliches Mahl aus Gemüse und Nüssen zu sich nahm. Dazu trinkt er wie es fast alle Zwerge machen ein Glas roten Traubensaft. Draußen zirpten die Grillen, und der sanfte Wind trug den Duft von Blumen herbei. Plötzlich hörte er ein leises Klopfen an seiner Tür.

Als Tobi die Tür öffnete, stand eine kleine Eule vor ihm, die ein Briefchen im Schnabel trug. Die Eule war von einem weit entfernten Teil des Waldes gekommen und hatte den Brief für Tobi dabei. Der Brief stammte von der Elfenkönigin, die um Tobis Hilfe bat.

Die Elfen hatten ein magisches Kristallherz, das das Gleichgewicht des Waldes aufrechterhielt. Doch das Herz war gestohlen worden, und die Elfen brauchten Tobis Tapferkeit und Klugheit, um es zurückzubringen. Tobi lief so schnell er konnte mit dem Brief zum Zwergenkönig. Nach Sichtung der Sätze und einem Gespräch wie die Zwerge den Elfen am besten helfen können, befahl der Zwergenkönig, dass Tobi den Elfen zur Hilfe kommen solle.

Tobi zögerte keinen Moment und packte seinen Rucksack, in dem er nicht nur Pilzpasteten, sondern auch eine Karte des magischen Teils des Waldes und eine Laterne mit einem warmen Glühwürmchenlicht verstaut hatte.

Die Reise führte Tobi durch dichte Wälder, vorbei an geheimnisvollen Lichtungen und entlang funkelnder Bäche. Der Wald schien in der Nacht noch magischer zu sein, und die Geräusche waren wie ein leises Flüstern der Natur.

Tobi folgte der Karte, die von den Elfen magisch markiert worden war. Unterwegs traf er auf einen freundlichen Glühwürmchenschwarm, der ihm den Weg erhellte. In einer verzauberten Lichtung stieß er auf eine Gruppe glitzernder Schmetterlinge, die ihm mit ihren zarten Flügeln Geschichten von vergangenen Helden erzählten. Tobi lauschte gespannt während diese ihn ein ganzes Stück des Weges begleiteten, Tobi war froh über die Gesellschaft und dankte den Schmetterlingen, bevor er seinen Weg alleine fortsetzte.

Als er die Grenze zum Elfenreich erreichte, wurde der Wald noch dichter, und die Bäume trugen leuchtende Blätter. Hier traf er auf die Elfenprinzessin Luminia, die ihn zu einem geheimen Treffpunkt führte. In einem verborgenen Teil des Waldes erklärte sie, dass das gestohlene Kristallherz von einem bösen Schattenwesen entführt worden war.

Dieses Kristallherz beinhaltet die Magie, die den Elfen den Schutz der Unsichtbarkeit gibt und mit dieser können nur die sie finden, welche die Karte haben wie sie auch Tobi von den Elfen mit dem Brief geschickt wurde. Gemeinsam mit Luminia machte sich Tobi auf die Suche nach dem Kristallherz. Auf ihrer Reise durchquerten sie glitzernde Nebel, überwanden kniffflige Rätsel von weisen Eulen und trafen auf sprechende Bäume, die die Geheimnisse des Waldes kannten.

Jedes Abenteuer brachte Tobi und Luminia dem Kristallherz näher.

Schließlich erreichten sie die Höhle des Schattenwesens, ein düsterer Ort, in dem das gestohlene Herz in einem dunklen Käfig gefangen war. Tobi, mutig wie immer, trat vor und begann, mit dem Schattenwesen zu verhandeln. Es war nicht leicht, aber kluge Worte und die Magie seines Zwergenlichts, sowie all seiner Pilzpasteten gelang es Tobi, das Wesen zu überzeugen, das Herz freizugeben.

Die Elfenprinzessin nahm das Kristallherz behutsam in ihre Hände und bedankte sich bei Tobi für seine Hilfe. Der
Wald erstrahlte in einem warmen Glanz,
als das Herz an seinen Platz zurückge-
kehrt war. Luminia begleitete Tobi noch
ein ganzes Stück in Richtung des
Zwergenwaldes, auf dem Weg erzählten
sie sich Geschichten von ihren Völkern
und schmiedeten eine Freundschaft, die
den Wald für immer verändern sollte.

Am nächsten Morgen kehrte Tobi mit einem strahlenden Lächeln und dem Kristallherz im Rucksack zu seinem Zwergenstübchen zurück. Die Elfen hatten ihm ein Geschenk hinterlassen – einen glitzernden Sternenanhänger, der sein Mantel schmückte. Tobi wusste, dass diese neuen Abenteuer und Freundschaften ihm nicht nur kostbare Erinnerungen beschert hatten, sondern auch seine Rolle als Botschafter des Zwergenkönigs noch bedeutsamer gemacht hatten.

So füllte sich Tobis Zwergenstübchen mit neuen Schätzen und Geschichten, und der Wald flüsterte von den tapferen Taten des kleinen Zwergen, der das Gleichgewicht des Waldes bewahrt hatte. Tobi nahm sein Tagebuch zur Hand und schieb auch dieses Abenteuer ohne auch nur das kleinste Detail auszulassen nieder.

Am nächsten Tag schon beim ersten Morgenlicht klopfte es erneut an seiner Tür. Diesmal war es der kleine Gnom Herold der aufgeregt hin und her hüpfte.

„Tobi, der Zwergenkönig braucht deine Hilfe erneut!", rief der Gnom aufgeregt. „Die Prinzessin heiratet, und der König möchte, dass du die königliche Einladung persönlich zur Feenkönigin bringst."

Tobi, der sich geehrt fühlte, er nahm den Brief mit der Einladung des Königs an sich und nickte entschlossen, sofort machte er sich für die Reise bereit. Diesmal packte er nicht nur Pilzpasteten ein, sondern auch ein feines Geschenk – einen handgeschnitzten Schmetterlingsanhänger, den er auf einer seiner Reise gefertigt hatte.

Sein Weg zum Reich der Feen führte ihn durch dichte Wälder, vorbei an blühenden Wiesen und durch glitzernde Bäche. Doch diesmal war der Weg anders, mit geheimnisvollen Lichtungen, die nur bei Hochzeiten erschienen, und einem sanften Duft von Blüten, der die Luft erfüllte.

Auf seinem Weg traf Tobi auf einen bunten Vogelschwarm, der von der Hochzeit hörte und freudig an ihm vorbeiflogen auf dem Weg zum Zwergenwald.

Bald darauf erreichte er eine Blumen-
wiese, in der die Blumen selbst zu tanzen
schienen. Die Blumenpflückerinnen,
kleine Elfenmädchen mit bunten Klei-
dern, luden Tobi ein, sich ihnen anzu-
schließen. Gemeinsam pflückten sie die
schönsten Blumen, um sie in den Feen-
palast zu bringen.

Der Weg führte weiter, und Tobi erreichte den Rand des Feenreichs. Hier war der Wald besonders magisch, mit schimmernden Glühwürmchen, die den Weg beleuchteten. Plötzlich tauchte ein majestätischer Zentaur auf, der sich als Hüter des Feenreichs vorstellte. Er führte Tobi sicher durch den üppigen Wald, vorbei an flüsternden Bäumen und funkelnden Wasserfällen.

Inmitten des Feenreichs, umgeben von einer glänzenden Blumenlichtung, traf Tobi schließlich auf die Feenkönigin Celestia. Ihre Flügel glänzten im Mondlicht, und eine Aura von Eleganz umgab sie. Tobi überreichte ihr die königliche Einladung zur Hochzeit. Die Feenkönigin lächelte anerkennend und bedankte sich, bevor sie Tobi einlud, an einem Feenfest noch am selben Abend teilzunehmen.

Die Feen waren dafür bekannt, oft in edeln Gewändern und Festlich geschmückter Atmosphere zu feiern. So auch an diesem Abend. Das Feenfest war ein zauberhaftes Ereignis, mit leuchtenden Libellen, die Musik spielten, und einem funkelnden Regenbogen, der den Himmel schmückte. Tobi tanzte mit den Feen, aß süße Honigkekse und lauschte den Geschichten der weisen Eulen des Feenreichs.

Am Ende der Feier fand Tobi die Feenkönigin inmitten des Blumenmeers. Sie dankte ihm erneut für die Einladung und das Geschenk. Als Zeichen ihrer Anerkennung schenkte sie Tobi einen funkelnden Sternenstaub, der in der Dunkelheit leuchtete und ihm auf seinen weiteren Abenteuern Glück bringen sollte.

Mit einem glücklichen Herzen und einem Beutel voller neuer Freundschaften
kehrte Tobi schließlich zum Zwergenwald zurück. Der Zwergenkönig war stolz
auf seinen Botschafter, der nicht nur die
königlichen Aufträge erfüllte, sondern
auch die Herzen der anderen Wesen des
Waldes gewann. In seinem Zwergenstübchen, umgeben von Erinnerungen an die
Abenteuer, ruhte Tobi aus und freute sich
auf die unzähligen Geschichten, die noch
auf ihn warteten. Natürlich wurde auch
dieses Abenteuer und die wundervollen
eindrücke in Tobis Tagebuch aufge-
schrieben.

Ein paar Tage später war es nun soweit und der Tag der Hochzeit war erreicht. Am Tag der Hochzeit erstrahlte das Zwergenreich in festlichem Glanz. Die Zwergenhäuser waren mit bunten Blumen geschmückt, und die Gassen erleuchteten in funkelndem Licht. Tobi trug ein besonderes Zwergengewand, das mit goldenen Stickereien verziert war, und ein prächtiger Blumenkranz zierte seine Haare.

Die Feenkönigin Celestia erschien im Zwergenreich in einer schillernden Robe aus schwebenden Blütenblättern. Auch der Elfenkönig mit seiner Königin an seiner Seite sowie einem magischen Gefolge und anderen magischen Wesen kehrten im Zwergenwald ein. Die Hochzeit war ein majestätisches Ereignis, bei dem die Natur selbst zu feiern schien. Die Trauung fand unter einem blühenden Zwergenbogen statt, geschmückt mit funkelnden Kristallen und duftenden Blumen.

Der Zwergenkönig persönlich führte die Zeremonie durch, während die Vögel des Waldes eine liebliche Melodie sangen. Tobi stand als Ehrenzeuge neben der Zwergenprinzessin Briana und dem Zwergenprinzen Ludwig, aus dem weiten Reich der Bergzwerge. Die Anwesenheit der Feen und Elfen verlieh der Feier eine märchenhafte Atmosphäre.

Nach der Trauung begann die prachtvolle Hochzeitsfeier. Die Zwerge hatten ein festliches Bankett vorbereitet, mit köstlichen Speisen, fruchtigen Getränken und einer speziellen Hochzeitstorte, die bis zum Himmel reichte. Feen und Elfen tanzten gemeinsam mit den Zwergen, und die Nacht wurde mit fröhlichem Gelächter und Musik erfüllt.

Am Ende der Feierlichkeiten dankte die Feenkönigin Tobi und dem König für die herzliche Einladung und das wundervolle Fest.

Als Zeichen der Freundschaft überreichte sie dem Zwergenkönig und der Zwergenkönigin eine magische Blume, die für ewigen Zusammenhalt und Harmonie stand.

Tobi kehrte in sein Zwergenstübchen zurück, erfüllt von Glück und Zufriedenheit. Die Hochzeit im Zwergenreich war nicht nur ein Freudenfest, sondern auch ein Symbol der Einheit zwischen den verschiedenen Völkern des Waldes. In den Geschichten, die sich durch die Jahrhunderte hindurch in den Wäldern verbreiten würden, würde diese prachtvolle Hochzeit als ein magisches Ereignis in Erinnerung bleiben, das die Herzen aller Wesen des Waldes berührte.

ENDE

Die Kleine Fee Meril

Es war einmal eine kleine Fee namens Meril. Meril war so winzig, dass sie auf einem Blatt Platz fand. Sie hatte leuchtend grüne Flügel und glitzernde blaue Augen. Meril lebte im Zauberwald, wo sie mit ihren Freunden, den Tieren, spielte und Abenteuer erlebte.

Eines sonnigen Morgens wachte Meril auf und hüpfte vor Freude in die Luft. Sie hatte heute etwas ganz Besonderes vor. Sie wollte den Tieren im Zauberwald eine Überraschung bereiten. Also schnappte sie sich ihren Zauberstab und machte sich auf den Weg.

Meril flog zuerst zu einem kleinen Kaninchen namens Hoppel. „Guten Morgen, Hoppel! Ich habe eine Überraschung für dich!", rief Meril fröhlich. Sie schwenkte ihren Zauberstab und verwandelte eine gewöhnliche Karotte in eine riesige, saftige Möhre.

Hoppel konnte sein Glück kaum fassen und begann sofort zu knabbern.

Als Nächstes flog Meril zu den Eichhörnchen Timmy und Tina. „Überraschung!", rief sie und schwang ihren Zauberstab. Plötzlich wuchsen die Nüsse an den Bäumen zu einer riesigen Nusspyramide heran. Timmy und Tina klatschten begeistert in die Hände und begannen, die leckeren Nüsse zu sammeln.

Die kleine Fee Meril flog weiter und traf auf das Rehkitz Rosalie. „Ich habe eine Überraschung für dich, Rosalie!", rief Meril fröhlich und zauberte einen wunderschönen Blumenkranz um das Geweih des Rehkitzes. Rosalie hüpfte vor Freude herum und bedankte sich bei Meril.

Nachdem sie all ihre Freunde mit Überraschungen erfreut hatte, flog Meril zum großen Baum in der Mitte des Zauberwaldes. Dort wartete ihr bester Freund, der Schmetterling Flatter. Flatter hatte eine Idee, wie sie den Tag noch besonderer machen konnten. Gemeinsam schwangen sie ihre Zauberstäbe und verwandelten den Baum in ein lebendiges Baumhaus. Der Baumhauszauber war ein magischer Ort, an dem alle Tiere im Zauberwald zusammenkommen und spielen konnten.

Meril und Flatter waren überglücklich. Sie hatten einen wundervollen Tag voller Magie und Freundschaft erlebt. Mit einem letzten Schwung ihrer Flügel flogen sie zurück zu Merils Zuhause, einem funkelnden Blumenkelch. Dort ließen sie sich erschöpft nieder und träumten von neuen Abenteuern im Zauberwald. In der Zwischenzeit im Zauberwald begann die Sonne langsam unterzugehen, und der Himmel färbte sich in warmen Rottönen. Die Sterne begannen, am Himmelszelt zu tanzen, und der Mond tauchte den Wald in sanftes Silberlicht.

Während Meril und Flatter in ihrem Blumenkelch schliefen, erwachten die Tiere des Zauberwaldes zu einem nächtlichen Fest. Glühwürmchen versammelten sich, um den Wald mit ihrem sanften Licht zu erhellen, während die Eulen mit ihren weichen Rufen eine zauberhafte Melodie sangen.

Plötzlich tauchte ein neuer Besucher auf. Es war der freundliche Frosch Quax, der auf einem Seerosenblatt im glitzernden Teich saß. Er hatte eine Idee für ein weiteres Abenteuer, das die kleinen Bewohner des Zauberwaldes in dieser magischen Nacht erleben könnten. Die Nachricht von Quax' Idee verbreitete sich rasch im gesamten Zauberwald, und die Tiere versammelten sich gespannt am Baumhaus. Meril und Flatter wurden von den fröhlichen Geräuschen geweckt und schlossen sich der versammelten Gemeinschaft an.

Quax schlug vor, eine nächtliche Reise durch den Wald zu unternehmen und die geheimnisvollen Glühwürmchenlichter zu folgen. Diese Lichter führten zu einem verborgenen Ort, an dem sich die Tiere des Zauberwaldes noch nie zuvor versammelt hatten.

Mit einem enthusiastischen Jubel brachen die kleinen Bewohner des Zauberwaldes auf, geführt von den schimmernden Glühwürmchen. Die Nacht wurde zu einem Abenteuer voller Zauber und Freude, bei dem die Tiere neue Freundschaften knüpften und gemeinsam die Wunder des nächtlichen Waldes entdeckten. Und so setzte sich die Geschichte der kleinen Fee Meril und ihrer zauberhaften Abenteuer im Zauberwald fort, während die Sterne über ihnen leise ihre Geschichten erzählten und der Mond still über die märchenhafte Szenerie wachte.

Die Tiere des Zauberwaldes wanderten durch schmale Pfade, die von moosbedeckten Bäumen flankiert waren. Ein leises Rascheln verriet das Vorhandensein kleiner Waldwesen, die neugierig den Zug begleiteten. Meril flog voraus, ihre leuchtenden Flügel warfen schimmernde Reflexe auf den Boden, die wie magische Spuren wirkten. Schließlich erreichten sie einen glitzernden See, der von duftenden Blumen umgeben war. Das sanfte Plätschern des Wassers mischte sich mit dem Lachen der Tiere.

Mitten auf dem See befand sich eine Insel, auf der sich ein märchenhaftes Fest entfaltete. Die Glühwürmchen bildeten lebendige Lichterketten, die den Ort in ein warmes, funkelndes Licht tauchten. Auf einer Blumenbühne tanzten Schmetterlinge zu den Klängen des nächtlichen Windes. Eine Gruppe von Glühkäfern spielte fröhliche Melodien, während die anderen Tiere sich in einem magischen Reigen vereinten.

Meril und ihre Freunde schlossen sich dem Fest an, tanzten unter den Sternen und lachten gemeinsam. Quax dirigierte die Frösche zu einer witzigen Wasserpantomime, während die Eichhörnchen mit den Glühkäfern ein improvisiertes Lichterspiel aufführten.

Die Nacht verging wie im Flug, aber die Erinnerungen an dieses außergewöhnliche Fest würden im Herzen der kleinen Fee Meril und ihrer Freunde für immer lebendig bleiben.

Als die Morgendämmerung den Himmel ankündigte, verabschiedeten sich die Tiere voneinander mit einem Versprechen, sich beim nächsten magischen Ereignis im Zauberwald wiederzusehen. Meril und Flatter kehrten zu ihrem funkelnden Blumenkelch zurück, ihre Herzen erfüllt von Dankbarkeit für die Wunder, die der Zauberwald immer wieder bot. Die Sonne stieg am Horizont empor, und der Zauberwald schlief friedlich, bereit für neue Abenteuer, die darauf warteten, von kleinen Feen, Tieren und all den anderen magischen Wesen entdeckt zu werden.

In den folgenden Tagen und Nächten erlebten Meril und ihre Freunde im Zauberwald weiterhin unzählige Abenteuer. Sie entdeckten geheime Pfade, versteckte Lichtungen und neue Freunde, die bisher im Verborgenen gelebt hatten. Der Zauberwald war voller Magie, und jeder Tag brachte neue Überraschungen mit sich.

Eines Tages versammelten sich die Tiere des Zauberwaldes erneut am Baumhaus, diesmal, um ein großes Fest zu planen.

Es sollte ein Fest der Freundschaft und der Dankbarkeit für all die magischen Momente sein, die sie miteinander geteilt hatten. Meril und Flatter übernahmen die Organisation des Festes. Sie zauberten farbenfrohe Blumenarrangements und schmückten den Baum mit glitzernden Lichtern. Die Eichhörnchen, Vögel und Füchse halfen dabei, köstliche Leckereien zuzubereiten, während die Glühwürmchen für die perfekte Beleuchtung sorgten. Das Fest begann bei Sonnenuntergang, als der Himmel in warmen Farben erglühte.

Die Tiere versammelten sich um den festlich geschmückten Baum und tauschten Geschichten aus. Es wurde getanzt, gelacht und gemeinsam gesungen. Die Freude und das Glück im Zauberwald waren so ansteckend, dass sogar die Sterne am Himmel zu tanzen schienen.

Die Nacht verging wie im Fluge, aber die Erinnerung an dieses besondere Fest blieb im Herzen aller Bewohner des Zauberwaldes. Meril und Flatter saßen am Ende des Abends nebeneinander und schauten auf das glückliche Treiben um sie herum.

Mit einem zufriedenen Lächeln dachten sie daran, wie sie ein Jahr zuvor begonnen hatten, gemeinsam Abenteuer zu erleben. Der Zauberwald hatte sie zu einer Familie gemacht, und jeder Tag war ein Geschenk voller Freundschaft, Magie und unendlicher Möglichkeiten.

Und so ging die Geschichte der kleinen Fee Meril und ihrer Freunde im Zauberwald weiter, Seite an Seite, durch die unendlichen Wunder, die das Leben in diesem verzauberten Ort zu bieten hatte. Und wer weiß, welche neuen Abenteuer und Überraschungen die Zukunft für sie bereithalten würde.

Eines Tages, als Meril und ihre Freunde im Zauberwald wieder einmal ein fröhliches Fest feierten, gesellten sich plötzlich strahlende Lichtgestalten zu ihnen. Es waren Feen und Waldgeister aus fernen Ländern, die von den magischen Ereignissen im Zauberwald gehört hatten.

Die neuen Besucher brachten Geschichten von anderen verzauberten Orten mit sich und teilten ihre eigenen magischen Fähigkeiten. Gemeinsam erschufen sie ein noch größeres Fest, das den Zauberwald in eine noch magischere Atmosphäre tauchte. Die Bäume flüsterten freudig, und die Blumen begannen, im Takt der Musik zu tanzen. Meril flog zu ihrer glitzernden Blumenkelch-Heimat, um etwas Besonderes zu holen. Sie kehrte mit einem kleinen Buch zurück, das sie mit ihren Erlebnissen und Abenteuern im Zauberwald gefüllt hatte. Das Buch war voll von bunten Zeichnungen, kleinen Gedichten und den Namen all ihrer Freunde.

Die Fee Meril überreichte das Buch als Geschenk an den Zauberwald. Es sollte eine Erinnerung an all die Magie, Freundschaft und Liebe sein, die zwischen den Bäumen, Blumen und Tieren entstanden war. Die anderen Feen und Waldgeister schlossen sich an und fügten ihre eigenen Geschichten hinzu, bis das Buch zu einer lebendigen Chronik des Zauberwaldes wurde.

Mit einem Glitzern in den Augen und einem Lächeln im Herzen schlossen Meril und ihre Freunde das Buch. Der Zauberwald erlebte das schönste aller Feste, und die Sterne am Himmel funkelten heller denn je.

Als die Sonne am nächsten Morgen aufging, lag über dem Zauberwald eine tiefe Zufriedenheit. Die Feen, Tiere und Waldgeister standen Seite an Seite, und der Wald pulsierte vor Leben und Liebe.

Meril schwebte über den Baumwipfeln und betrachtete die Szenerie mit einem warmen Gefühl der Verbundenheit. Und so endete die Geschichte der kleinen Fee Meril und ihrer zauberhaften Abenteuer im Zauberwald, aber die Magie, die sie geschaffen hatte, würde für immer in den Herzen derjenigen leben, die den Zauberwald als ihre Heimat nannten. Der Zauberwald war nicht nur ein Ort, sondern ein Gefühl, eine Erinnerung an die Kraft der Freundschaft und die Schönheit der gemeinsamen Abenteuer.

ENDE

Trolly
der kleine Troll

Es war einmal ein kleiner niedlicher Troll namens Trolly. Er lebte in einem versteckten Tal tief im Wald. Trolly hatte leuchtend grüne Haare, winzige Ohren und einen lustigen Knubbelnase. Doch obwohl er niedlich aussah, hatten die Menschen im Dorf in der Nähe Angst vor Trolly, weil sie dachten, dass Trolle böse und gefährlich wären. Eines Tages beschloss Trolly, dass er den Menschen beweisen wollte, dass er gar nicht so furchterregend war, wie sie dachten. Er beschloss, eine gute Tat zu vollbringen, um ihr Vertrauen zu gewinnen.

Trolly hatte von einer alten Frau namens Martha gehört, die Schwierigkeiten hatte, ihr Haus zu reparieren. Also machte sich Trolly auf den Weg zu Marthas Haus, um ihr zu helfen. Als Trolly ankam, war Martha überrascht, einen Troll vor ihrer Tür zu sehen. Doch

Trolly lächelte freundlich und erklärte, dass er gekommen war, um ihr bei den Reparaturen zu helfen. Martha war zuerst misstrauisch, aber sie gab Trolly eine Chance. Trolly zeigte Martha seine handwerklichen Fähigkeiten. Er hob schwere Balken, reparierte das undichte Dach und bemalte die Fensterläden.

Martha war erstaunt über Trollys Geschick und wie schnell er die Aufgaben erledigte. Sie erkannte, dass er nicht böse war, sondern nur helfen wollte. Während Trolly arbeitete, hörten immer mehr Dorfbewohner von seiner guten Tat und kamen, um ihn zu sehen. Sie konnten es nicht fassen, dass ein Troll so hilfsbereit und nett sein konnte. Die Menschen begannen, ihre Vorurteile abzulegen und merkten, dass Trolly einfach anders war, aber nicht gefährlich. Am Ende des Tages war Marthas Haus in einem viel besseren Zustand als zuvor.

Die Dorfbewohner waren beeindruckt von Trollys Fähigkeiten und dankten ihm für seine Hilfe. Trolly war glücklich, dass er ihr Vertrauen gewonnen hatte und dass die Menschen nun wussten, dass nicht alle Trolle böse waren. Von diesem Tag an wurde Trolly zu einem Freund des Dorfes.

Die Kinder spielten mit ihm im Wald, die Erwachsenen baten ihn um Rat und Trolly half ihnen immer gerne. Die Geschichte von Trollys guter Tat verbreitete sich weit und breit, und Trolly wurde als der freundlichste Troll im ganzen Land bekannt.

Und so lebte Trolly glücklich und zufrieden im Tal, umgeben von Menschen, die ihn liebten und akzeptierten, wie er war. Eines Tages, als die Sonne über dem Tal aufging, hatte Trolly eine Idee.

Er wollte eine große Party für alle Dorfbewohner organisieren, um zu feiern, dass sie Freunde geworden waren. Trolly bastelte bunte Einladungskarten mit kleinen Trollzeichnungen darauf und verteilte sie im Dorf.

Die Menschen im Dorf waren zunächst überrascht von der Einladung, aber sie freuten sich darüber. Sie beschlossen, die Party im Wald zu veranstalten, wo alle zusammenkommen konnten. Die Dorfbewohner halfen Trolly dabei, Girlanden aus bunten Blumen zu machen und leckeres Essen zuzubereiten. Als der große Tag der Party endlich gekommen war, strömten die Menschen aus dem Dorf in den Wald. Die Kinder lachten und spielten, die Erwachsenen unterhielten sich und alle genossen die festliche Atmosphäre. Trolly hatte sogar eine kleine Bühne gebaut, auf der er mit seinen grünen Haaren tanzte und die Kinder zum Lachen brachte.

Die Party dauerte bis spät in die Nacht, und alle waren glücklich und dankbar für die Freundschaft, die zwischen den Menschen und Trolly entstanden war. Die Sterne funkelten am Himmel, als die Dorfbewohner und Trolly sich in die Arme schlossen und sich versprachen, immer füreinander da zu sein.

Und so wurde die Party zu einer jährlichen Tradition im Dorf. Jedes Jahr kamen die Menschen und Trolly zusammen, um zu feiern, dass Vorurteile überwunden wurden und wahre Freundschaft gewonnen hatte.

Trolly, der kleine Troll mit den leuchtend grünen Haaren, war der Held des Tals, und die Geschichte von seiner guten Tat wurde von Generation zu Generation weitergegeben. Die Kinder im Dorf liebten es, sich Trolly-Geschichten vor dem Schlafengehen erzählen zu lassen, und sie träumten von Abenteuern im Wald mit ihrem freundlichen Trollfreund.

Und so lebten Trolly und die Dorfbewohner glücklich und zufrieden, in einer Welt, in der Freundschaft und Taten wichtiger waren als das, was man auf den ersten Blick sieht.

Eines Tages, als Trolly durch den Wald spazierte, hörte er seltsame Geräusche. Es klang, als ob jemand in Schwierigkeiten steckte. Trolly folgte den Geräuschen und entdeckte eine geheime Höhle, die er noch nie zuvor gesehen hatte.

Vorsichtig trat er näher und hörte ein leises Weinen. In der Höhle fand Trolly ein verängstigtes, kleines Tier. Es war ein flauschiges Eichhörnchen, dessen Schwanz in einem Ast eingeklemmt war. Trolly zögerte nicht und setzte seine handwerklichen Fähigkeiten ein, um das Eichhörnchen zu befreien.

Mit viel Geschick und Geduld gelang es ihm schließlich, den Schwanz des Eichhörnchens zu befreien.

Das Eichhörnchen, namens Fluff, schaute Trolly mit großen dankbaren Augen an. Es begann, um Trolly herumzutanzen und quietschte vor Freude. Trolly lächelte und wusste, dass er wieder jemandem geholfen hatte.

Doch plötzlich hörten sie ein tiefes Knurren. Aus den Schatten der Höhle tauchte ein großer, freundlich aussehender Bär namens Benny auf. Er erzählte Trolly und Fluff, dass er ihre Hilfsbereitschaft beobachtet hatte und sich ihnen anschließen wollte. Benny erklärte, dass im Wald eine mysteriöse Dunkelheit aufgetaucht sei und er glaube, dass Trolly, Fluff und er gemeinsam etwas dagegen tun könnten.

Die drei ungleichen Freunde machten sich auf den Weg, um die Ursache der Dunkelheit zu finden. Unterwegs erlebten sie aufregende Abenteuer, begegneten magischen Kreaturen und lösten Rätsel. Ihre Freundschaft wurde dabei immer stärker, und sie merkten, dass wahre Stärke in der Gemeinschaft liegt. Schließlich erreichten sie einen mystischen Ort, an dem die Dunkelheit ihren Ursprung hatte.

Es stellte sich heraus, dass ein alter Zauberer in Schwierigkeiten steckte und die Dunkelheit versehentlich freigesetzt hatte. Mit vereinten Kräften gelang es Trolly, Fluff und Benny, den Zauberer zu befreien und die Dunkelheit zu vertreiben.

Der Zauberer, dankbar für ihre Hilfe, schenkte Trolly, Fluff und Benny magische Kristalle, die ihr Tal für immer vor der Dunkelheit schützen sollten. Die drei Freunde kehrten als Helden in ihr Tal zurück, und die Dorfbewohner feierten sie mit einer noch größeren Party als zuvor.

Und so lebten Trolly, Fluff und Benny weiterhin im Tal, beschützten es vor Gefahren und erlebten gemeinsam viele aufregende Abenteuer. Die Geschichte von ihrer Freundschaft und ihrem Mut wurde zur Legende, die von kleinen Trollen, Eichhörnchen und Bären im ganzen Land erzählt wurde.

Eines Tages, als die Sonne golden über dem Tal stand, fühlten Trolly, Fluff und Benny eine ungewöhnliche Erschütterung im Boden. Neugierig machten sie sich auf den Weg, um herauszufinden, was vor sich ging. Je weiter sie gingen, desto intensiver wurde das Beben.

Plötzlich stießen sie auf einen alten, verzauberten Baum, der in einem magischen Licht erstrahlte. Der Baum sprach zu ihnen in einer weisen, beruhigenden Stimme. Er erklärte, dass das Gleichgewicht des Waldes gestört war, und nur die drei Freunde könnten es wiederherstellen.

Um das Gleichgewicht zu stabilisieren, mussten sie drei magische Schlüssel finden, die in den gefährlichsten Teilen des Waldes versteckt waren. Trolly, Fluff und Benny zögerten nicht und machten sich auf den Weg zu ihrem aufregendsten Abenteuer bisher.

Ihr erster Halt war der Dunkle Dornwald, ein undurchdringlicher Ort voller Dornen und Geheimnisse. Hier, unter den Schatten der mächtigen Bäume, entdeckten sie die erste Herausforderung.

Ein Rätsel aus Glühwürmchenlichtern führte sie zu einem verborgenen Eingang, der sie tiefer in den Wald führte.

Die Reise durch den dunklen Dornwald war gefährlich, doch mit Trollys Klugheit, Fluffs Geschicklichkeit und Bennys Kraft überwanden sie jede Prüfung. Am Ende des Waldes fanden sie den ersten magischen Schlüssel, der von einer schimmernden Blume bewacht wurde. Die Blume öffnete sich in Dankbarkeit, und die Freunde machten sich auf den Weg zum nächsten Ziel.

Ihr zweites Abenteuer führte sie zu den Nebelschluchten, einem mystischen Ort, wo dicke Nebelschwaden die Sicht versperrten. Hier mussten sie einem Labyrinth aus Nebel und Illusionen trotzen. Mit Fluffs feinem Gespür für die Umgebung und Trollys klugen Überlegungen gelangten sie sicher durch die Schluchten.

Der zweite magische Schlüssel befand sich auf einer schwebenden Plattform, die nur durch Zusammenarbeit erreicht werden konnte. Nachdem sie auch diesen Schlüssel sicher in ihrem Beutel verstaut hatten, machten sich die Freunde auf den Weg zum letzten Ort – dem Feuerspitzen-vulkan. Ein gefährliches Terrain aus Lavaströmen und glühenden Felsen erwartete sie.

Hier testete Benny seine Stärke, indem er Felsen beiseiteschob und einen sicheren Pfad für die anderen schuf. Schließlich erreichten sie den Gipfel des Feuerspitzenvulkans, wo der dritte magische Schlüssel von einem feuerspeienden Drachen bewacht wurde. Die Freunde bündelten all ihre Fähigkeiten, um den Drachen zu beruhigen und den Schlüssel sicher zu ergattern.

Mit den drei magischen Schlüsseln kehrten Trolly, Fluff und Benny zum verzauberten Baum zurück. Die Freunde setzten die Schlüssel in die geheimen Öffnungen des Baumes ein, und plötzlich wurde der Wald von einem strahlenden Licht durchflutet. Das Gleichgewicht war wiederhergestellt, und der Baum dankte den Freunden für ihre Tapferkeit und Opferbereitschaft. Nachdem das Gleichgewicht im Wald wiederhergestellt war, blühte die Natur in einer Fülle von Farben auf.

Die Bäume trugen lebendige Blätter, die Vögel sangen fröhlich und die Blumen öffneten ihre zarten Blüten. Trolly, Fluff und Benny standen am Rande des Waldes und betrachteten die wundervolle Veränderung, die sie gemeinsam bewirkt hatten.

Die Dorfbewohner waren dankbar für die Heldenhaftigkeit ihrer ungewöhnlichen Freunde. In Anerkennung für ihre Tapferkeit schenkten ihnen die Bewohner kunstvoll verzierte Medaillen. Diese Medaillen wurden zu einem Symbol der Freundschaft und des Mutes, das die drei Freunde stolz trugen.

Trolly, Fluff und Benny kehrten zu ihren täglichen Abenteuern im Tal zurück, aber nun mit dem Wissen, dass sie nicht nur Freunde des Dorfes waren, sondern auch Beschützer des Waldes. Sie halfen den Tieren, pflegten die Pflanzen und standen den Dorfbewohnern bei, wenn sie gebraucht wurden.

Die Jahreszeiten vergingen, und das Tal blieb ein Ort des Friedens und der Harmonie. Trolly wurde zu einer respektierten Figur im Dorf, Fluff fand eine neue Familie von Eichhörnchen, die sie liebten, und Benny genoss die Ruhe des Waldes, wenn er nicht gerade mit seinen Freunden unterwegs war. Eines Tages versammelten sich die Dorfbewohner, um Trolly, Fluff und Benny für all ihre Taten zu danken. In einer feierlichen Zeremonie pflanzten sie einen besonderen Baum im Herzen des Dorfes, der als „Baum der Freundschaft und des Gleichgewichts" bekannt wurde.

Die Wurzeln dieses Baumes reichten tief in den Boden des Tals und symbolisierten die fest verankerte Verbindung zwischen den Menschen, den Tieren und der Natur.

Und so lebten Trolly, Fluff und Benny weiterhin glücklich und zufrieden im Tal. Die Geschichte von ihrem mutigen Abenteuer wurde von Generation zu Generation weitergegeben, und der Baum der Freundschaft und des Gleichgewichts blieb ein Symbol für die Kraft der Zusammenarbeit und die Schönheit der unterschiedlichen Wesen, die gemeinsam in Harmonie leben können.

ENDE

Lila und Lukas

In einem zauberhaften Wald, wo das Gras in den leuchtendsten Grüntönen schimmerte und die Blumen in allen Farben des Regenbogens blühten, lebte die kleine Fee Lila. Ihre Flügel schimmerten im sanften Licht der Sonne wie kostbare Juwelen, und ihr Haar glänzte silbrig wie der Mondschein in einer klaren Nacht.

Eines Tages, als Lila durch den Wald schwebte, entdeckte sie einen traurigen kleinen Jungen namens Lukas, der unter einem alten Baum saß. Seine Augen waren mit Kummer erfüllt, und sein Herz schien schwer von kleinen Sorgen und großen Ängsten. Neugierig näherte sich Lila und fragte: „Warum bist du so traurig, kleiner Freund?"

Lukas blickte überrascht auf und sah die strahlende Fee vor sich. Zwischen den Blättern des Baumes schwebte Lila, und ihr sanftes Lächeln erhellte Lucas Gesicht. Er erzählte Lila von seinen Sorgen, dass er einsam ist und keine Freunde hat. Die kleine Fee hörte aufmerksam zu. Lila spürte, dass sie etwas Besonderes für Lukas tun konnte. Entschlossen nahm Lila einen Hauch von ihrem magischen Feenstaub und streute ihn über Lukas. Plötzlich begann sich der kleine Junge zu verändern.

Sein Körper wurde von funkelndem Sternenstaub umhüllt, und Lukas verwandelte sich in einen bezaubernden Sternenjungen. Lila lächelte zufrieden und sagte: „Nun kannst du all deine Träume fliegen lassen und die Welt mit neuen Augen sehen."

Lukas strahlte vor Freude und begann mit den Schmetterlingen im Wald zu tanzen. Lila schwebte an seiner Seite, und ihre Freundschaft blühte auf wie die schönste Blume im Wald. Sie spielten Verstecken hinter den duftenden Rosen, schwammen in den glitzernden Teichen und lachten, bis die Bäume vor Freude zu wippen schienen.

Mit der Zeit spürte Lila, dass in ihrem zarten Fee-Herzen etwas Neues erwachte – Liebe für Lukas. Doch sie fühlte auch, dass ihre Welten unterschiedlich waren. Eines Tages flog Lila zu ihrem Lieblingsplatz im Wald, wo ein weiser alter Schmetterling auf sie wartete. Der Schmetterling flatterte zu Lila und sagte mit weiser Stimme: „Liebe Lila, Gefühle sind wie der Zauber in deinem Feenstaub. Lass deine Liebe für Lukas euer Band sein, auch wenn eure Wege unterschiedlich sind."

Mit neuen Erkenntnissen kehrte Lila zu Lukas zurück und erzählte ihm von ihren Gefühlen. Lukas lächelte warm und sagte: „Auch ich habe dich sehr lieb, liebe Lila." Und so setzte sich ihre zauberhafte Reise im fabelhaften Wald fort, wo die Liebe zwischen der kleinen Fee und dem Sternenjungen wie ein funkelnder Stern am Himmel glänzte, bereit für neue Abenteuer und magische Momente.

Trotz der wachsenden Freundschaft zwischen Lila und Lukas, begannen dunkle Wolken am Horizont aufzuziehen. Die Familien der beiden, die von unterschiedlichen Welten stammten, betrachteten die außergewöhnliche Verbindung mit Misstrauen. Die Eltern und Geschwister von Lila und Lukas hatten Schwierigkeiten, die Magie der Freundschaft zu verstehen, die zwischen der kleinen Fee und dem Sternenjungen aufgeblüht war.

Eines Tages, als Lila und Lukas fröhlich im Wald spielten, tauchten die Eltern von Lukas auf. Sie schauten besorgt und sprachen darüber, wie wichtig es sei, dass Lukas sich unter seinesgleichen aufhalte. Die Eltern von Lila, die die Schönheit der Freundschaft erkannt hatten, versuchten zu vermitteln, dass Unterschiede keine Rolle spielen sollten. Die Familien beschlossen, die beiden voneinander zu trennen, in der Hoffnung, dass die Freundschaft zwischen Lila und Lukas verblassen würde. Doch die Magie der Liebe und der gemeinsamen Abenteuer war stärker als jeder Versuch, die beiden zu trennen. Trotzdem blieben Lila und Lukas mutig. In den sternenklaren Nächten trafen sie sich heimlich an ihrem geheimen Treffpunkt, einem kleinen Glitzersee im Herzen des Waldes. Sie tauschten Geschichten aus, träumten von fernen Welten und schworen sich, dass ihre Freundschaft für immer bestehen würde.

Die Hindernisse wurden größer, als die Familie von Lukas beschloss, in eine andere Stadt zu ziehen. Lukas und Lila standen vor einer schweren Entscheidung. Sollten sie ihre Freundschaft aufgeben oder den Mut finden, trotz der Widrigkeiten zusammenzuhalten? In einer letzten mutigen Geste beschlossen Lila und Lukas, ihren Familien die Wahrheit über ihre einzigartige Verbindung zu erzählen. Mit Tränen in den Augen und Liebe in den Herzen appellierten sie an das Verständnis und die Akzeptanz ihrer Familien.

Als die Familien von Lila und Lukas sahen, wie unglücklich die beiden mit der Entscheidung waren, ihre Freundschaft zu beenden, erwachte in ihren Herzen ein tieferes Verständnis. Die Liebe und das Glück, die in den Augen der Kinder leuchteten, berührten die Familien auf eine Weise, die sie zuvor nicht verstanden hatten.

Die Eltern von Lukas und Lila kamen zu dem Schluss, dass wahre Freundschaft und Liebe keine Barrieren kennen sollten. In einer bewegenden Versöhnung gestanden sie sich ein, dass die Verbindung zwischen der kleinen Fee und dem Sternenjungen etwas Einzigartiges und Kostbares war, das gepflegt und geschützt werden sollte.

Mit Tränen der Freude und des Verständnisses nahmen die Familien die Hände ihrer Kinder und sagten:

"Wenn eure Herzen sich gefunden haben, dann soll die Magie eurer Freundschaft weiterleben. Lasst uns gemeinsam
für eine Welt sorgen, in der Liebe und
Freundschaft über allem stehen."

Die Entscheidung der Familien erfüllte
Lila und Lukas mit unendlichem Glück.
Gemeinsam konnten sie nun ihre Abenteuer im zauberhaften Wald fortsetzen,
ohne die Furcht, getrennt zu werden. Die
Liebe zwischen der kleinen Fee und dem
Sternenjungen erwies sich als stärker als
jede Dunkelheit, die versucht hatte, sie zu
umgeben. Die Familien lernten, dass die
wahre Magie im Herzen derjenigen liegt,
die fähig sind, Liebe und Akzeptanz zu
schenken. Gemeinsam schufen sie eine
Welt, in der die Verschiedenheiten der
kleinen Fee und des Sternenjungen nicht
als Hindernis, sondern als Quelle von
Freude und Staunen betrachtet wurden.

So lebten Lila und Lukas weiterhin in ihrem zauberhaften Wald, wo die Liebe zwischen einer Fee und einem Menschenjungen die Bäume zum Flüstern brachte und die Blumen in den prächtigsten Farben erblühen ließ.

Und während der Glitzersee im Mondschein schimmerte, konnten Lila und Lukas jeden Tag ihre Freundschaft und Liebe feiern, wissend, dass sie von ihren Familien geliebt und unterstützt wurden. Und so erlebten sie gemeinsam die Wunder und Magie, die das Leben im fabelhaften Zauberwald zu bieten hatte.

ENDE

Hannah Burkhardt,

geboren im Jahr 2014, ist eine aufgeweckte und fantasievolle junge Autorin, die mit ihrer Familie im malerischen Georgsmarienhütte lebt. Schon im zarten Alter von 9 Jahren hat sie ihre kreative Ader entdeckt und ein eigenes Buch geschaffen, das von ihrer lebhaften Fantasie zeugt.

Mit ihrer Liebe zur Fantasy-Welt hat Hannah nicht nur ihr erstes Buch vollendet, sondern auch bereits die nächsten Geschichten, die förmlich aus ihr sprudeln. Ihre erfrischende Perspektive und ihre Fähigkeit, Geschichten zu erschaffen, machen sie zu einem vielversprechenden Talent in der Welt der Literatur. In ihrer Freizeit taucht Hannah in die Welt des Hip-Hop-Tanzes ein und absolviert Kurse in einer Tanzschule. Neben dem Tanzen hegt sie eine Leidenschaft für das Malen und Zeichnen, womit sie ihre kreativen Ideen auch visuell zum Ausdruck bringt. Das Zusammensein mit Freunden gehört zu ihren liebsten Beschäftigungen, und sie startet jeden Tag voller Energie in neue Abenteuer. Hannah Burkhardt verkörpert die Begeisterung und den Tatendrang einer jungen Künstlerin, die mit ihrer Leidenschaft die Welt um sich herum bereichert.

Carsten Burkhardt,

geb. 1984, ist Schriftsteller, Journalist und Verleger. Seine literarischen Werke erstrecken sich über verschiedene Genres, darunter Thriller, Gesellschaftsromane, Kinderliteratur und Selbsthilfetexte.